प्राचीन भारत में हिन्दू सामाजिक व्यवस्था के मूलतत्व

प्राचीन भारत में हिन्दू सामाजिक व्यवस्था के मूलतत्व

डॉ० धर्मवीर सिंह
विद्यालंकार, एम.ए., एम. लिब. एससी.,
पी. जी. डी. एल. एम., एम. बी. ए.,
पीएच. डी.
पुस्तकालयाध्यक्ष
कुरुक्षेत्र विश्वविद्यालय,
कुरुक्षेत्र

Readworthy
New Delhi

First Published 2015

Published and Printed by
Readworthy Publications
D-1, Mohan Garden
Near Abhinandan Party Place
New Delhi–110 059
Phone: 08826333244, 08826833244
Email: info@readworthypub.com
Web: www.readworthypub.com

ISBN 13: 978-93-5018-395-3 ISBN 10: 93-5018-395-1

समर्पण

यह प्रयास मैं अपनी स्वर्गीय पूज्य माता जी को समर्पित करता हूँ। जिनके आशीर्वाद से मैं अपने जीवन में कुछ कदम आगे बढ़ा पाया हूँ।

--डॉ० धर्मवीर सिंह

विषय सूची

प्राक्कथन

विश्व के सभी सामाजिक कार्यकर्ता अथवा आलोचक विशेष कर सभ्यता संस्कृति की खोज में मग्न पुरुष अपनी-अपनी जातियों की विशिष्टता तथा पूर्वरूपता जानना चाहते हैं। यहाँ पर सभी एक मन से स्वीकार करते हैं कि भारत की आर्य जाति के आदि ग्रन्थ ही मानवीय प्रेरणा के आदि स्रोत हैं।

इसके लिए प्राचीन वैदिक वाङ्मय पुराणग्रन्थ अभिलेख, दान-पत्र, ताम्रपत्र, सिक्के, शिलालेख विजय स्तम्भ आदि बहुत ही महत्त्वपूर्ण हैं। प्राचीन काव्य, नाटक, गद्य-ग्रन्थ, आयुर्वेद, ज्योतिष, गणित आदि के भी ग्रन्थ कम महत्त्वपूर्ण नहीं हैं।

यदि विचार कर देखा जाए तो कण-कण में भारतीय संस्कृति अनुरणन (अनुगुज्जन) कर रही है।

आज कल उपासना, वेशभूषा, गृह-निर्माण, मंदिर व्यवस्था, तीर्थ पूजा, बोल-चाल में जो कुछ रूप या व्यवस्था हम देखते हैं, उस सबका पूर्व रूप हमें उन निर्दिष्ट ग्रन्थों, शिलालेखों अथवा काव्य पुस्तकों में देखना होगा।

इन सभी विषयों पर अनुमन्थन करते हुए इस कठिन प्रश्न पर जिज्ञासा की जा सकती है कि वे मूल-तत्व क्या हैं जिनके आधार पर हम भारतीय संस्कृति और व्यवस्था को अनुप्राणित देखते हैं।

इस लघु शोध-प्रबन्ध में इन विषयों पर सूक्ष्मता और गम्भीरता के साथ विचार किया गया है। यद्यपि लघुशोध प्रबन्ध होने के कारण इसका कलेवर छोटा है पर महत्ता और गहनता की दृष्टि से इसकी उपादेयता विज्ञजनों को प्रसन्न करेंगी।

वास्तव में गवेषणा का अभिप्राय ही है गो-एषणा। गाय की एषणा इच्छा क्या हो सकती है? जिस प्रकार वन में विचरण करती हुई गौ नाना फलों-पुष्पों को देखती हुई भी केवल घास पर ही अपनी दृष्टि रखती है, इसी प्रकार सरस्वती के महान ग्रन्थागार में जिज्ञासु अनुसंधित्सु के लिए पुरा वृत्त के मूल तत्वों का पता लगाना गौ की एषणा के समान ही दु:साध्य एवं आनन्दप्रद है। इस कार्य में मैं कहाँ तक सफल हो पाया हूँ इसका निष्कर्ष तो विवेकशील आलोचक ही कर पाएँगे जिनकी दृष्टि पैनी होती है और मन महान होता है। गौ वाणी को भी कहते हैं। वाणी (सरस्वती) की भी एषणा (गौ-एषणा)ही है। इसी हेतु एक गौ-स्वामी को गौ-पाल नहीं कहा जाता।

इस प्रस्तुत सन्दर्भ को सम्पन्न करने में मैं गुरुकुल कांगड़ी विश्वविद्यालय के ग्रन्थाकार का भी ऋणी हूँ। जिससे अनुपम, स्पृहणीय ग्रन्थों के कारण मुझे इधर-उधर बाहर बहुत नहीं भटकना पड़ा।

इस ग्रन्थ के उपक्रम को पूर्ण करने से पूर्व ब्रह्मलीन पूज्य स्वामी दिव्यानन्द सरस्वती जी महाराज के चरणों में अपनी श्रद्धा कुसुमाञ्जलि अर्पित करते हुए महान आनन्द की अनुभूति करता हूँ। वास्तव में 'त्वदीय वस्तु गोविन्द तुभ्यमेव समर्पये'। वाली बात इस समय हृदय में बार-बार उठती है। संसार में जल से गंगा की पूजा प्रसून से पुष्पगन्धा का अभिषेक अथवा दीपक के द्वारा सूर्य की आरती उतारना जैसा ही है कि मैं कतिपय शब्दों द्वारा इन महान वाग्मी तपस्वी, श्रद्धास्पद व्यक्ति का अभिनन्दन करूँ।

अन्त में विभाग के प्रोफेसर जनों का हृदय से आभार व्यक्त करता हूँ जिन्होंने समय समय पर अपने बहुमूल्य सुझाव देकर मुझे कृतार्थ किया। मैं अपने मित्रवर अग्रज भ्राता तुल्य ब्रह्मचारी सुदर्शनानन्द जी तथा ब्रह्मचारी नरेन्द्र को भी कोटिश: धन्यवाद देता हूँ जिनका मेरे साथ अनन्य स्नेह एवं सहयोग रहा है। अन्य भी ज्ञात अज्ञात जिन महानुभावों ने मुझे मेरे पथ का पाथेय दिया उन सब के प्रति कृती-कृतज्ञ और ऋणी हूँ।

श्रीमति मीरा शर्मा, तकनीकी सहायक, जवाहर , पाण्डुलिपि विभाग, जवाहर लाल नहरू केन्द्रीय पुस्तकालय, कुरुक्षेत्र विश्वविद्यालय, कुरुक्षेत्र के हृदय से आभार व्यक्त करता हूँ इन्होंने इसकी पाण्डुलिपि संशोधित करने में सहयोग दिया है।

अन्त में, मैं अपनी सहधर्मिणी श्रीमति बबीता मलिक तथा अपने अग्रज भ्राता श्री रामकिशन मलिक जी का धन्यवाद करता हूँ जो हमेशा मेरा उत्साहवर्धन करते है। जिनके सहयोग के बिना यह कार्य सम्पन्न करना कदापि सम्भव नहीं था।

डॉ० धर्मवीर सिंह

प्रस्तावना

सम्प्रति हिन्दू धर्म के नाम से व्यवहृत ''वैदिक धर्म'' संसार का प्राचीनतम धर्म है। इसके अतिरिक्त विश्व में यूनान, मिस्र, रोम, बेबिलोनिया, पारसी, मेसोपोटामिया तथा चीन के धर्म तथा अपनी-अपनी संस्कृतियाँ रही हैं। परन्तु हिन्दू धर्म तथा संस्कृति को छोड़कर विश्व के अन्य सभी धर्म तथा संस्कृति एक-एक करके विश्व-पटल से ओझल होती गईं। इन जगहों पर ईसाई तथा मुसलमानों ने अपनी मान्यताओं का प्रचार प्रसार किया। यद्यपि रोम के तत्कालीन शासक ने दमन की नीति का आश्रय लिया परन्तु सम्प्रति वहाँ पर ईसाई धर्म के अतिरिक्त उस प्राचीन संस्कृति और धर्म का कोई नाम तक लेने वाला नहीं है। इसी भाँति चीन में भी साम्यवाद के आने के बाद चीन का प्राचीन धर्म तथा संस्कृति भी विश्व पटल से इस प्रकार से विलुप्त हो गई जिस प्रकार सूर्योदय होने पर आकाश में चमकने वाले सहस्त्रों सितारे विलुप्त हो जाते हैं। ऐसी बात नहीं कि भारत पर विदेशी आक्रमण न हुए हों अथवा यहाँ की सभ्यता संस्कृति और धर्म को नष्ट भ्रष्ट करने को कोई प्रयास विदेशी आक्रान्ताओं ने न किए हों। विश्व का इतिहास इस बात का साक्षी है कि भारत अपने वैभव के कारण सदैव विदेशी आक्रान्ताओं के आकर्षण का केन्द्र रहा है परन्तु अधिकांश आक्रान्ता भारत में आकर अपनी सभ्यता संस्कृति तथा धर्म को त्यागकर भारतीय संस्कृति तथा सभ्यता के अभिन्न अंग बनकर रह गए।

भारत ने विश्व को शान्ति तथा सद्भाव का संदेश दिया। विश्व बन्धुत्व की पावन भावना का सफलता पूर्वक प्रचार तथा प्रसार किया। 'वसुधैव कुटुम्बकम्' के आदर्श पर चलने वाले हिन्दुओं ने सारे संसार में बन्धुत्व तथा एकत्व की भावना का प्रसार करने के लिए अपना जीवन तक समर्पित कर दिया।

अरब की खाड़ी से उद्भूत होने वाले इस्लाम के जिन अनुयायियों ने ईरान के पारसी धर्म को रौंद कर नामशेष कर दिया वहीं मुसलमान भारतीय संस्कृति और धर्म को इस प्रकार से प्रभावित नहीं कर पाए। यह माना जा सकता है कि जब-जब तूफान के झोंके आए तो भले ही हमें कुछ समय के लिए बेंत की वृत्ति धारण करनी पड़ी हो किन्तु शीघ्र ही तूफान की गति हममें मिल गई। इतिहास जहाँ दूसरी संस्कृतियों के विनाश का करुण क्रन्दन करता है वहीं दूसरी ओर हमारी सांस्कृतिक और धार्मिक परम्पराओं की अक्षुण्णता का गौरव गान कर रहा है।

इण्डोनेशिया जो विश्व के सर्वाधिक मुस्लिम जनसंख्या वाले देशों में से एक है वहाँ के लोग आज भी इस्लाम धर्म का अनुकरण करते हुए भी मूक भाषा में अर्थात् भावभंगिमा द्वारा रामलीला तथा अन्य हिन्दू धर्म के नाटकों का मंचन बड़े उत्साह और श्रद्धा के साथ करते हैं। सर्वाधिक प्रयासों के उपरान्त भी उनके अचेतन मन से हिन्दू संस्कृति की छाप को इस्लाम धर्म धो नहीं सका। कितनी गहरी जड़े हैं इसकी, कितनी दृढ़ शाखाएँ हैं इसकी इसकी अजरता को इसकी अमरता को सर मोहम्मद इकबाल की यह नज्म आज भी झूमती से गा रही है–

यूनानी, मिस्र रोमां, सब मिट गए जहाँ से,
फिर भी हैं बाकी नामों निशां हमारा।
कुछ बात है कि हस्ती मिटती नहीं हमारी,
सदियों रहा है दुश्मन दौरे जमां हमारा॥

कौन–सी बात है वह, जिसके कारण यह विश्व के चिन्तकों तथा विचारकों के सामने एक बेहद आश्चर्य का विषय बना हुआ है? कौन–सी बात है वह जिसके कारण भारतीय संस्कृति का अजस्र प्रवाह अवरुद्ध नहीं हो पाता, मन्द नहीं हो पाता? कौन–सी बात है वह जिसके सहारे हम इतनी भयंकर प्रताड़नाओं के उपरान्त भी अखिल विश्व के सामने अपने मस्तक को गौरव से तान सकते हैं?

इसके कारण सहज स्पष्ट है। भारतीय मनीषी धर्म का लक्षण करता हुआ कहता है– 'यतोऽभ्युदय निश्रेयस सिद्धिः सधर्मः' अर्थात् जिन कार्यों के करने से सांसारिक सामाजिक उन्नति हो तथा आत्मोन्नति के माध्यम से मोक्ष की सिद्धी हो उन्हें ही धर्म कहते हैं। इस लक्षण के द्वारा आत्मिक और सामाजिक दोनों ही उन्नतियों को अपरिहार्य बताया है। व्यक्ति का व्यक्तिगत जीवन सामाजिक जीवन को प्रभावित करता है तथा सामाजिक जीवन व्यक्तिगत जीवन को। इसी कारण से हिन्दू धर्म के विचारकों ने इस धर्म के माध्यम से सामाजिक तथा व्यक्तिगत जीवन को साथ–साथ लेकर चलते हुए व्यक्ति को वर्ण आश्रम तथा पुरुषार्थ चतुष्टय का पालन करने के लिए प्रेरित किया। क्योंकि ये मनुष्य के सर्वोंगीण विकास के लिए आवश्यक नियम हैं। इनके अनुपालन के बिना कोई भी व्यक्ति जीवन के चरम उत्कर्ष अर्थात् मोक्ष तक नहीं पहुँच पाता। वैदिक धर्मों मनीषियों ने जीवन को नकारात्मक दृष्टिकोण से कदापि नहीं देखा। हिन्दू धर्म की आर्शीवाद में गहरी निष्ठा है। उन्होंने जीवन से भागने के नहीं अपितु जीवन को सकारात्मक रूप से जीकर सार्थक बनाने के साधन बताए और वे साधन हैं–

वर्ण, आश्रम तथा पुरुषार्थ चतुष्टय। अतः हिन्दू धर्म की अथाह जल–राशि में निमज्जन के लिए विशिष्ट अध्ययन अत्यावश्यक हो जाता है।

1

हिन्दू सामाजिक व्यवस्था के मूल तत्व

वैदिक धर्म के मूलाधार वे हैं। वैदिक धर्म को ही वर्तमान में हिन्दू धर्म के नाम से व्यवहृत किया जाता है। वेदों की रचना सृष्टि के प्रारम्भ में मानव मात्र के कल्याण के लिए की गई। इसमें मूल रूप में समस्त ज्ञान विज्ञान निहित है। महर्षि दयानन्द सरस्वती ने इन्हें सब सत्य विद्याओं की पुस्तक माना है। व्यक्ति समाज की लघुतम इकाई है। व्यक्ति और समष्टि का परस्पर घनिष्ठ सम्बन्ध है। व्यक्ति अपने समस्त व्यवहारों की सिद्धि के लिए पूर्णतया समाज पर निर्भर रहता है। इसीलिए मनुष्य को सामाजिक प्राणी कहा जाता है। इस समस्त समाज को उनके कार्य या व्यवसाय के आधार पर वर्गीकृत करना आवश्यक हो गया। वेदों ने इस शून्य को पूरा किया और सम्पूर्ण समाज का चार भागों में वर्गीकरण किया। इन्हीं चारों को वर्ण कहते हैं, जो ब्राह्मण, क्षत्रिय, वैश्य और शूद्र नाम से जाने जाते हैं।

वर्ण व्यवस्था वैदिक सामाजिक व्यवस्था का आधार है परन्तु यह व्यवस्था जन्म-मूलक न होकर कर्म मूलक थी। ब्राह्मण, क्षत्रिय, वैश्य और शूद्र की उत्पत्ति क्रमश: ब्रह्मा के मुख, बाहु, उरु और पाद से स्वीकार करके एक सावयव समाज की कल्पना की गई है। जिस प्रकार मुख आदि में से किसी एक अंग के अभाव में व्यक्ति कार्य सिद्धि नहीं कर पाता, ठीक इसी प्रकार चातुर्वर्ण वाला सावयव समाज की किसी एक वर्ण के अभाव में पंगु होकर रह जाता है। कहने का तात्पर्य यह है कि समाज के सुन्दर और आकर्षक व्यक्तित्व के लिए चारों वर्णों का होना अत्यावश्यक है।

ब्राह्मण: हिन्दू सामाजिक व्यवस्था में ब्राह्मण वर्ण की उत्पत्ति मुख से मानकर उसे शिर: स्थानीय माना गया है। ब्राह्मण के कर्तव्य हैं– वेदों का अध्ययन, यज्ञानुष्ठान तथा दान देना इसकी जीविका के स्रोत हैं–वेदों का अध्यापन, यज्ञ कराना और दान

देना और लेना। ब्राह्मण के सभी कार्य बौद्धिक क्षेत्र में आते हैं। अत: अन्य वर्णों की अपेक्षा इसे प्रथम स्थान दिया गया है।

क्षत्रिय : बाहु शक्ति का प्रतीक है। यह शक्ति क्षत्रिय वर्ण की धरोहर है। अत: क्षत्रिय की उत्पत्ति भुजाओं से मानी गई है। अध्ययन, यज्ञ तथा दान के अतिरिक्त प्रजा पालन का सम्पूर्ण उत्तरादायित्व क्षत्रिय पर डाल दिया गया है। साथ ही क्षत्रिय से यह भी अपेक्षा की गई है कि वह सर्वथा विषयासक्ति से दूर रहे।

वैश्यः वैश्य को उरुस्थानीय माना गया है। वाणिज्य और कृषि ये वैश्य वर्ण के कार्य हैं। वैश्य वर्ण को समाज की अर्जन शक्ति के रूप में देखा जा सकता है। यही वर्ण समाज की आर्थिक रीढ़ का आधार है। ब्राह्मण क्षत्रिय वर्ण की आजीविका, सैन्य संचालन आदि सभी कार्यों की सिद्धि अर्थ द्वारा ही सम्भव है। वैश्य वर्ण ही विभिन्न स्रोतों से धन कमा करके अपने से भिन्न वर्णों की आवश्यकताओं को पूर्ण करता है।

शूद्रः शूद्र को यद्यपि वर्णों में अन्तिम स्थान दिया गया है तथापि उसका महत्त्व किसी से कम नहीं है। वह असूया रहित होकर चारों वर्णों की सेवा करता है और भवन निर्माण, वस्त्र निर्माण, काष्ठ शिल्प आदि सभी शिल्प भी शूद्र वर्ण पर ही आश्रित हैं। शूद्रों की उत्पत्ति पैरों से स्वीकार की गई है। इस प्रकार यह कहा जा सकता है कि प्राचीन भारतीय हिन्दू सामाजिक व्यवस्था को मूर्त रूप देने में वर्ण-चतुष्टय ने महत्त्वपूर्ण भूमिका का निर्वहन किया है। 'वर्णो वृणोतेः' इस निरुक्त शास्त्रीय वर्ण शब्द के निर्वचन के आधार पर यह कहा जा सकता है कि प्रत्येक व्यक्ति का किसी न किसी वर्ण के लिए वरण किया जाता था और यह वरण उसके गुण, कर्म, स्वभाव आदि के आधार पर ही होता था जन्म पर आधारित वर्ण व्यवस्था को ऐतिहासिक परिप्रेक्ष्य में अंगीकार नहीं किया जा सकता।

'शतायुर्वै पुरुषः' इस शतपथ को वचनानुसार मनुष्य की सामान्य आयु सौ वर्ष की स्वीकार की गई है। इस सम्पूर्ण आयु को चार अंगों में विभक्त करके उसे क्रमशः ब्रह्मचर्य, गृहस्थ, वानप्रस्थ और संन्यास आश्रम का नाम दिया गया है। आश्रम उसे कहते हैं जिसमें चारों ओर से श्रम किया जाता है। (आ समन्तात् श्रमोयत्र सोऽयमाश्रम) इन चारा आश्रमों में रहते हुए सतत् श्रम करते हुए मानव अपने जीवन लक्ष्य की ओर अग्रसर होता है।

ब्रह्मचर्य काल को विकास काल अथवा निर्माण काल के रूप में जाना जा सकता है। इसी काल में विद्यार्थी अपने सम्पूर्ण जीवन की सुदृढ़ आधार शिला तैयार करता है। जिस पर आश्रम-भवन का निर्माण होता है। ब्रह्मचर्य अवस्था में

छात्र अपना शारीरिक एवं मानसिक विकास करता है, वह तृण से ब्रह्म पर्यन्त सभी पदार्थों का ज्ञान केवल इसी आश्रम में कर सकता है।

जिस प्रकार किसी भी भवन के स्थायित्व में उसकी आधार शिला सर्वाधिक महत्त्वपूर्ण घटक है ठीक उसी प्रकार चार आश्रमों में द्वितीय स्थान गृहस्थ का है। गृहसूत्र में आबद्ध होकर पति-पत्नी धर्माचरण पूर्वक सन्तानोत्पादन करके पितृ ऋण से मुक्त हो जाते हैं। सभी आश्रमों के व्यवहार गृहस्थ से ही चलते हैं। अपने आश्रम के अतिरिक्त अन्य तीनों आश्रमों की जीविका भी गृहस्थ से ही चलती हैं, जिस प्रकार सभी नदी-नाले अन्ततोगत्वा समुद्र में लीन हो जाते हैं उसी प्रकार सभी आश्रमों की संस्थिति भी गृहस्थ ही है। पुरुषार्थ चतुष्टय के 'अर्थ' और 'काम' के साथ गृहस्थ का अविछिन्न सम्बन्ध है।

गृहस्थ में रहते हुए जो शारीरिक तथा मानसिक शक्ति का ह्रास हो गया था उसकी पूर्ति के लिए मुनि वृत्ति धारण करके व्यक्ति को वन में निवास करते हुए त्याग और तप का जीवन व्यतीत करना होता था। जिस प्रकार गृहस्थ में प्रवेश करने के लिए ब्रह्मचर्य की आवश्यकता होती है, उसी प्रकार वानप्रस्थ भी सन्यास का पूर्वाभ्यास है। वर्तमान काल में जैसे व्यक्ति को 60 साल की अवस्था के आसपास सरकारी सेवाओं से रिटायर(सेवा मुक्त) कर दिया जाता है वैसे ही पुराकाल मे आयु के तीसरे भाग में जाने पर प्रत्येक व्यक्ति गृहस्थ का समस्त उत्तरदायित्व अपने पुत्रों पर डालकर वन को चला जाता था।

तुरीयावस्था को संन्यास के रूप में समझना चाहिए जब मनुष्य वानप्रस्थ आश्रम में रहते हुए अपने आपकों सर्वथा विशुद्ध और ज्ञानवान बना लेता है तो वह संन्यास धारण करके धर्मोपदेश करता हुआ सर्वत्र विचरता है वह लोकेषणा, पुत्रेषणा और वित्तैषणा का परित्याग करके ब्रह्म प्राप्ति के लिए प्रयत्नशील रहता है। सामान्यत: व्यक्ति सभी आश्रमों में अन्तिम पुरुषार्थ मोक्ष के लिए यत्नवान रहता है किन्तु संन्यासी का चिन्तन, मनन आदि सब कुछ ब्रह्म-परक होता है अत: मोक्ष और संन्यास का पारस्परिक घनिष्ठ सम्बन्ध है। रघुकुल का वर्णन करते हुए महाकवि कालिदास ने चारों आश्रमों का सुन्दर चित्रण इन शब्दों में किया है 'रघुवंशी शैशव काल में विधाओं का अभ्यास तथा यौवन में विवाहित होकर पुत्रों को उत्पन्न करते थे। वृद्धावस्था में मुनि वृत्ति से रहते हुए अन्त में योग से अपने शरीर का त्याग कर देते थे।'

वर्ण चतुष्टय तथा आश्रम चतुष्टय की भांति पुरुषार्थ-चतुष्टय का भी हिन्दू सामाजिक व्यवस्था के निर्माण एवं विकास में विशेष स्थान रहा है। धर्म अर्थ तथा काम इस त्रिवर्ग का परस्पर घनिष्ठ सम्बन्ध है। धर्म पूर्वक अर्थोपार्जन तथा

धर्मानुसार ही विवाहित होकर पुत्रोत्पत्ति करना शास्त्र सम्मत है। ऐसा करने से ही जीवन के परम लक्ष्य मोक्ष की प्राप्ति सम्भव है। पुरुष का परम प्रयोजन होने से ही धर्म, अर्थ, काम मोक्ष को पुरुषार्थ नाम से कहा जाता है। धर्म, अर्थ, काम तथा मोक्ष समष्टि और व्यष्टि दोनों के लिए समान रूप से उपादेय है। कुछ विद्वानों का मत है कि सर्व प्रथम हिन्दू धर्म में धर्म, अर्थ और काम इस त्रिवर्ग का ही अस्तित्व था किन्तु ज्यों-ज्यों पुनर्जन्म की अवधारणा दृढ़ होती गई हिन्दू समाज में मोक्ष की सत्ता को भी स्वीकार कर लिया गया।

इस प्रकार संक्षेप में यह कहा जा सकता है कि हिन्दू समाज के समष्टि रूप को वर्णों ने प्रभावित किया तथा व्यष्टि के निर्माण में आश्रमो की अहं भूमिका रही। धर्म, अर्थ, काम और मोक्ष में प्रथम तीनों के सम्यक् सामंजस्य पर ही चतुर्थ की सिद्धि निर्भर करती थी।

2

वर्ण व्यवस्था

वर्ण का अर्थ

पाणिनीय मत से 'वर्ण' शब्द अव्युत्पन्न[1] है। प्रसिद्ध वैयाकरण शाकटायन प्रणीत उणादि सूत्रों के एक सूत्र द्वारा वर्ण शब्द की व्युत्पत्ति की जा सकती है। 'वरण' अर्थ प्रतिपादक 'वृञ वरणे' इस ञकारेत्संज्ञक वृ धातु से जो स्वरादिगणीय है, 'वर्ण' शब्द की व्युत्पत्ति इस प्रकार की गई है 'वृणोति इति वर्णः।' अर्थात् जिनके द्वारा वरण किया जाए अथवा निर्धारित किया जए।[2]

वृ धातु से उणादिगणीय 'कृ वृ जृ सिद्ध पन्यनि स्वपिभ्योनित'[3] सूत्र से न प्रत्यय हुआ और ''सार्व धातुकार्य धातुकमो[4] पाणिनीय सूत्र से 'वृ' के ऋकार का गुण। (अर्) हुआ। तब 'वर्न' हो गया। फिर 'रषाभ्यानोण', समान पदे''[5] पाणिनीय सूत्र से 'न' के स्थान में 'ण' आदेश करने के पश्चात 'वर्ण' शब्द बना।

सर्व तंत्र सिद्धांत पदार्थ लक्षण संग्रह के अनुसार वर्ण लक्षण के अंतर्गत 'ब्रह्मण त्वादि जाति भेदिका आवृतिः वर्णः' तथा 'शब्दस्यस्फुटावस्था वर्ण'[6] का उल्लेख है। वाचस्पत्यम्[7] में शुक्लादि रूपे ब्राह्मणादि जातौ, कुंकुम स्वर्ण आदि अनेक अर्थों का उल्लेख है।

सांख्य दर्शन में वर्ण शब्द को एक विशेष प्रकार के रंग से सम्बन्धित कर दिया गया है और प्रत्येक वर्ण का एक विशेष प्रकार का रंग माना गया है। सांख्यादर्शन के आधार पर यह कहा जा सकता है कि रूप या रंग का नाम ही वर्ण है।[8]

ऋग्वेद में कई स्थानों पर वर्ण का अर्थ 'रंग' या प्रकाश है।[9] ऋग्वेग में कहीं-कहीं पर वर्ण का सम्बन्ध ऐसे जनगण से है जिनका चर्म काला या गोरा है।[10] तैत्तिरीय ब्राह्मण में वर्ण का तात्पर्य रंग से ही लिया गया है।[11]

आधुनिक समाज शास्त्री सेनार्त,[12] डॉ. जी.एस. धुर्य[13] एवं जे. एच. टृट्टन[14] ने 'वर्ण' का अर्थ रंग ही माना है। डॉ. विनसेन्ट स्मिथ[15] तथ डॉ. ई.जे. रैप्सन ने 'वर्ण'

का अर्थ व्यवसाय चुनना स्वीकार किया है।[16] पंडित राहुल सांकृत्यायन ने भी 'वर्ण' को रंग के अर्थ में ही स्वीकार किया है[17]। वर्ण शब्द निम्न तीन प्रचलित अर्थों में प्रयुक्त होता रहा है– रंग, चयन, सामाजिक वर्ग। जहाँ तक मनुष्य की त्वचा रंग का उसकी चरा से सम्बन्ध की बात है। यह कोई वैज्ञानिक प्रतीत नहीं होती। विश्व में अतीत तथा वर्तमान में इस प्रकार के अनेकों उदाहरण हैं।

जिनका रंग अत्यधिक काला था वे भी विश्व के महानतम व्यक्तियों की श्रेणी में सर्वोच्च स्थल पर विराजमान हैं। व्यक्ति की त्वचा का रंग स्थानीय जलवायु तथा वातावरण पर निर्भर करता है। महर्षि दयानन्द सरस्वती जी महाराज ने वर्ण शब्द का अर्थ चुनना ही माना है। गीता में भी वर्ण व्यवस्था को गुण कर्मानुसार मानती है।[18] इससे यह स्पष्ट हो जाता है कि योगीराज श्रीकृष्ण जी महाराज भी 'वर्ण' का अर्थ 'चुनना' ही लेते हैं। आधुनिक मानव वैज्ञानिक भी रंग और मेधा शक्ति के सम्बन्ध को अस्वीकार करते हैं। इनका कथन है–"व्यक्ति विशेष अथवा जाति विशेष की मेधा शक्ति और उसकी त्वचा के रंग के मध्य कोई भी सम्बन्ध नहीं है।"[19] यद्यपि डार्विन ने रंग भेद को अत्यधिक महत्त्व दिया है। डार्विन के अनुसार "मनुष्य की जाति और उसकी त्वचा के रंग का भेद सर्वाधिक ध्यानाकर्षक एवं उल्लेखनीय पहलू है।[20]" डार्विन के इस मत को अपवाद स्वरूप कुछ लोगों को छोड़कर सम्पूर्ण विश्व ने नकार दिया है। रंग के आधार पर मनुष्य से घृणा करना अथवा उसे प्रोत्साहन देना मानवता के ऊपर कलंक एवं परमेश्वर के प्रति अपराध है। किसी भी शब्द का दो प्रकार से अर्थ लगाया जा सकता है लाक्षणिक तथा रूढ़। डॉ. सीताराम झा "श्याम" ने रूढ़ अर्थ मानना उचित ठहराया है। उनके अनुसार 'वृणोति इति वर्ण:' इस व्युत्पत्यर्थ का कुछ भी आभास 'वर्ण' शब्द के लक्षणों अथवा प्रसिद्ध अर्थों रूप, रंग या सामाजिक वर्गों से नहीं मिलता। उक्त अर्थों में 'वर्ण' शब्द को रूढ़ मानना ही समुचित प्रतीत होता है।[21] श्री शिवस्वरूप सहाय के अनुसार 'वर्ण' शब्द का शाब्दिक अर्थ लगाना औचित्यपूर्ण नहीं है। जहाँ इसका प्रयोग किया गया है वहाँ इसका अर्थ शाब्दिक न होकर लाक्षणिक है। वास्तव में धर्म विभाजन न तो इस व्यवस्था का उद्देश्य था और न माध्यम। इसका माध्यम था गुण, कर्म तथा उद्देश्य था समाज कल्याण।[22] पी.वी.काणो ने भी लाक्षणिक अर्थ का समर्थन किया है।[23]

वर्ण की उत्पत्ति

वर्ण की उत्पत्ति के सम्बन्ध में हिन्दू वांग्मय में मतैक्य नहीं है। सामाजिक संरचना के सन्दर्भ में वर्ण शब्द का प्रयोग ऋग्वेद काल में ही होने लगा था। ऋग्वेद के

अतिरिक्त महाभारत, स्मृतियों, गृहसूत्रों तथा अन्य हिन्दू धर्म ग्रंथों में वर्ण के सम्बन्ध में विचार उपलब्ध है। जिस सन्दर्भ में इसका प्रयोग हमारे समाज शास्त्रियों ने सामाजिक संस्था के सम्बन्ध में किया है वह गुण कर्म पर आधारित है।[24] अति प्राचीन काल में वर्ण शब्द केवल दास एवं आर्य से सम्बन्धित था। प्रारम्भ में वर्ण का सम्बन्ध सामाजिक व्यवस्था तथा आर्य एवं दस्यु के मध्य भेदार्थ इनका प्रयोग हुआ था। परन्तु कालान्तर में धर्म विभाजन इसी आधार पर होने लगा। जिसका परिणाम धीरे-धीरे जाति प्रथा के रूप में समाज के रक्त में समाहित हो गया। वर्ण शब्द वैदिक काल से लेकर आज तक ब्राह्मण, क्षत्रिय, वैश्य एवं शूद्र इन चारों वर्गों के अर्थ के रूप में रूढ़ हो गया है। वर्ण के बिना भारतीय समाज का स्वरूप स्पष्ट हो पाना असम्भव होता है। इस सम्बन्ध में इसकी उत्पत्ति के सिद्धांतों पर प्रकाश डालें तो इसका स्वरूप और भी स्पष्ट होकर सामने आ जाएगा।

(क) ऋग्वेद सिद्धान्त

ऋग्वेद के पुरुष सूक्त के मतानुसार ब्राह्मण, क्षत्रिय, वैश्य, शूद्र क्रमशः विराट पुरुष के मुख, बाहुओं, जांघों एवं पैरों से उत्पन्न हुए।[25] परन्तु ऋषि दयानन्द सरस्वती जी महाराज ने सत्यार्थ प्रकाश में उपरोक्त मंत्र का अर्थ इस प्रकार किया है। ''इस मन्त्र का अर्थ जो किया गया है वह ठीक नहीं क्योंकि यहाँ पुरुष अर्थात् निराकार व्यापक परमात्मा की अनुवृति है। जब वह निराकार है तो उसके मुखादि अंग नहीं हो सकते, जो मुखादि अंग वाला हो वह पुरुष अर्थात् व्यापक नहीं और जो व्यापक नहीं सर्वशक्तिमान जगत का सृष्टा, धर्ता, प्रलयकर्ता जीवों के पुण्य-पापों की व्यवस्था करने हारा, सर्वज्ञ, अजन्मा, मृत्यु रहित आदि विशेषण वाला नहीं हो सकता इसलिए इसका अर्थ है कि जो (अस्य) पूर्ण व्यापक परमात्मा की सृष्टि में मुख के सदृश सब में मुख्य उत्तम हो वह (ब्राह्मणः)ब्राह्मण (बाहू) ''बाहुर्वै बलं बाहुर्वै वीर्यम्'' शतपथ ब्राह्मण। बल वीर्य का नाम बाहू है वह जिसमें अधिक हो सो (राजन्य) क्षत्रिय (उरु) कटि के अधो और जानु के उपरिस्थ भाग का नाम है। जो सब पदार्थों और सब देशों में उरु के बल से जावे आवे प्रवेश करे वह (वैश्य) वैश्य और (पट्भ्याम्) जो पग के अर्थात् नीच अंश के सदृश मूर्खत्वादि गुण वाला हो वह शूद्र है।[26]

पुरुष सूक्त में चन्द्रमा तथा सूर्य भी वर्णों की उत्पत्ति की भांति विराट पुरुष की आँख एवं मन से उत्पन्न कहे गए हैं। इससे स्पष्ट हो जाता है कि समाज का चार भागों में विभाजन बहुत प्राचीन काल में हुआ था, परन्तु यह विभाजन किसी परम पुरुष के अंगों से नहीं बल्कि समाज को व्यवस्थित करने हेतु उसके गुण एवं

कर्मानुसार रहा है। कुछ विद्वानों का मत है कि पुरुष सूक्त की यह ऋचा ऋग्वेद में बाद में जोड़ी गई।[27] ऋग्वेद के पुरुष सूक्त में भी जहाँ ब्राह्मण राजन्य, वैश्य एवं शूद्र का उल्लेख हुआ है वहाँ वर्ण का प्रयोग नहीं हुआ है।[28] ऋग्वेद में पुरुष सूक्त को छोड़कर कहीं भी वैश्य एवं शूद्र शब्द नहीं आए हैं, यद्यपि अथर्ववेद में[29] कई बार एवं तैत्तिरीय संहिता में बहुत बार आए हैं। इस प्रकार से ऋग्वेद में ब्राह्मण शब्द का कई स्थानों पर उल्लेख मिलता है। परन्तु यह कोई जाति के अर्थ प्रयुक्त नहीं हुआ है।[30] ऋग्वेद के मन्त्र से स्पष्ट तो नहीं परन्तु पाँच वर्णों का कुछ संकेत अवश्य मिलता है जिसमें ब्राह्मण, क्षत्रिय, वैश्य, शूद्र तथा निषाद के पांचों वर्णों के शत्रुओं को परास्त करने की शक्ति से सम्पन्न मित्र देवता के प्रति सम्मान प्रकट करने का आग्रह किया गया है।[31] पी.वी. काणे ने धर्मशास्त्र के इतिहास में निषाद को शूद्रों के अतिरिक्त एक पृथक जाति में परिगणित किया है। निषाद जाति को वर्ण के अन्तर्गत कभी भी नहीं माना गया है। अत: यह स्पष्ट है कि ऋग्वेद वर्णित 'वर्ण' शब्द किसी ब्राह्मण, क्षत्रिय, वैश्य, शूद्र का द्योतक कदापि नहीं है। बल्कि वर्ण शब्द प्रारम्भ में आर्य एवं दस्यु के मध्य भेदार्थ ही उपयोग में लाया गया। परन्तु कालान्तर में यह शब्द वर्ग विभाजन का आश्रय बन गया। यदि ऋग्वेद काल में वर्ग विभाजन था तो गुण कर्म के आधार पर था। यद्यपि त्सिमर (3/क)ने यह दिखाने का प्रयास किया कि प्राचीन ऋग्वेद में वर्ण व्यवस्था अज्ञात थी। सभी विद्वानों में इस बात पर मतैक्य है कि वर्ण व्यवस्था ऋग्वेद से प्रारम्भ है इसका रूप कुछ भी हो। भले ही ऋग्वेद पूर्ण रूप से स्पष्ट न हो परन्तु वर्ण व्यवस्था का आदि स्रोत ऋग्वेद ही है।

उपनिषद का सिद्धांत

उत्तर वैदिक वांङ्मयम में उपनिषदों का स्थान अत्यधिक महत्त्वपूर्ण है। उपनिषद काल जिसे 400 से 100 ई.पू. मानते हैं। इस काल में वर्ण व्यवस्था का कठोरतम रूप परिलक्षित नहीं होता। ब्राह्मण और क्षत्रिय के आपसी मतभेद विशुद्ध आत्मवाद के कारण समाप्त हो गए थे। दो वर्ग एक दूसरे के आपसी व्यवसायों में समान रूप से रूचि लेते थे, परन्तु वर्णाश्रम के प्रारूप में कुछ परिवर्तन हो चुका था। इस युग में मुनि, यति और श्रमण जो स्वतंत्र विचरण करते थे, अपरिग्रह वृत्ति को महत्त्व दिया जिसका सीधा प्रभाव समाज पर भी पड़ा। वर्ण व्यवस्था की जड़े समाज में बहुत गहरी थीं। जिससे इसका अस्तित्व समाप्त हो सका। वर्ण व्यवस्था के सम्बन्ध में बृहदारण्यक उपनिषद[32] विशेष उल्लेखनीय है। इस उपनिषद में वर्ण की उत्पत्ति के सम्बन्ध में इस प्रकार के विचार हैं। ब्रह्मा ने सर्वप्रथम ब्राह्मण की उत्पत्ति की थी, परन्तु वे अकेले सामाजिक कल्याण के दायित्व को भली प्रकार सम्पन्न करने में सक्षम नहीं हो सके। ब्राह्मण को सहायतार्थ एवं सामाजिक कल्याणार्थ इन्द्र, रुद्र,

वरुण, सोम, पर्जन्य, मम, मृत्यु, इशान, क्षत्रिय देव, क्षत्रिय की उत्पत्ति हुई। उपरोक्त क्षत्रिय के उत्पन्न होने पर भी ब्रह्मा को कल्याण कार्यों से सन्तुष्टि नहीं हुई तब वसु, आदित्य, मरुत, रुद्र आदि वैश्यों की उत्पत्ति हुई। इस पर भी ब्रह्मा उन्नति करने में असफल रहे। अत: उन्होंने प्रशान के योग से शूद्र की सृष्टि करके क्रम को पूरा किया। प्रो. रानाडे के विचारानुसार 'मानवीय जगत में यह जाति विभाजन दैवीय जगत के ही आधार पर था।[33] इसी प्रकार जन्तुओं में भी ब्राह्मण, क्षत्रिय, वैश्य आदि का भेद मानते हैं। बसन्त ऋतु ब्राह्मण, ग्रीष्म ऋतु क्षत्रिय एवं वर्षा ऋतु वैश्य है। पक्षियों, वृक्षों एवं पशुओं को भी ब्राह्मण क्षत्रिय आदि में विभाजित किया है।'

महाकाव्य का सिद्धान्त

महाभारत एवं रामायण दोनों महाकाव्य वर्ण व्यवस्था की उत्पत्ति पर प्रकाश डालते हैं। दोनों महाकाव्यों में भी ऋग्वेद के पुरुष सूक्ष्म[34] की भांति ईश्वर के मुख से ब्राह्मणों, भुजाओं से क्षत्रियों, उरु से वैश्यों तथा पाद से शूद्रों को उत्पन्न करने के सिद्धान्त का प्रतिपादन किया है।[35] वस्तुत: यह व्याख्या उपयुक्त नहीं है। बल्कि महर्षि दयानन्द[36] जी महाराज की व्याख्या ज्यादा समीचीन है। महाभारत में महर्षि भृगु ने अपने शिष्य भारद्वाज को उपदेश दिया और वर्णों की उत्पत्ति के सिद्धान्त पर प्रकाश डाला। प्रारम्भ में ब्रह्मा ने ब्राह्मण की सृष्टि की थी। बाद में सृष्टि के विकास क्रम को पूरा करने हेतु मानव जाति ब्राह्मण, क्षत्रिय, वैश्य एवं शूद्र को पैदा किया। ब्राह्मण का रंग श्वेत, क्षत्रिय का लाल (लोहित), वैश्यों का पीला (पीत)एवं शूद्र का काला (श्याम) था।[37] भारद्वाज द्वारा इस प्रकार शंका व्यक्त किए जाने पर कि शरीर के रंगों के आधार पर वर्णों को विभाजन करना बहुत कठिन कार्य है। रंग तो अनेकों प्रकार के हैं। इस पर महर्षि भृगु ने उत्तर दिया कि विभिन्न रंगों के आधार पर वास्तव में वर्णों में कोई विशेष अन्तर नहीं है। विभाजन तो गुण के आधार पर है। ब्राह्मण का कार्य पढ़ना-पढ़ाना, यज्ञ करना कराना होने से उसका रंग श्वेत माना गया है। क्षत्रिय का कर्म रौद्र है जो रजो गुण प्रधान है इसी कारण से रंग लाल माना है। वैश्यो का रंग पीत है क्योंकि उनका सम्बन्ध व्यापार से है। व्यापार धन के बिना सम्भव नहीं है। धन में पीत वर्ण का स्वर्ण उत्तम माना जाता है। जो कि मिथ्याचरण से दूसरे को कष्ट पहुँचाते थे, अपने कर्तव्यों के प्रति उदासीन, मदिरापान करते- वे कृष्ण त्वच कहे गए अर्थात तम प्रधान व्यक्ति शूद्र कहलाए।

महाभारतानुसारेण प्रारम्भ में सभी व्यक्ति ब्राह्मण थे। परन्तु अपने 'धर्म' या कर्तव्य से विचलित हो जाने पर शेष तीन वर्णों में चले गए। महाभारत में कहा गया है- "हे युधिष्ठिर! इस जगत में पहले एक ही वर्ण था, गुण कर्म के विभाग

से बाद में चार वर्ण किए गए। वर्णों में कोई भी वर्ण किसी प्रकार की विशिष्टता नहीं रखता, क्योंकि यह सम्पूर्ण जगत ब्रह्ममय है। पहले सबको ब्रह्मा ने ही उत्पन्न किया, बाद में कर्मों के भेद से वर्णों की उत्पत्ति हुई।[38]''

शतपथ एवं ऐतरेय आरण्यक का सिद्धान्त

ऋग्वेद में वर्णित आर्य तथा दास का भेद पूर्ण व्यवस्था के विकास का प्रारम्भिक ज्ञान है।[39] शतपथ ऋग्वेद के इस भेद के विपरीत समाज का चारों वर्णों में विभाजन पर स्पष्ट प्रकाश डालता है।

ब्राह्मणराजन्योवैश्यशूद्र:[40] शतपथ ब्राह्मण में भी ऋग्वेद की भांति देवताओं का चारों वर्णों में विभाजन किया गया है।[41] जो वर्णों के पृथक-पृथक अस्तित्व का द्योतक है। शतपथ ब्राह्मण में यज्ञ का अधिकार भी वर्णों में द्विज को ही प्राप्त है।[42] जिस प्रकार ऋग्वेद में शूद्र को पैर से उत्पन्न हुआ बताकर समाज का सम्पूर्ण भार शूद्रों पर डालते हुए शूद्रों का भी अन्य वर्णों की भांति महत्त्व प्रदर्शित किया है। इसी प्रकार शतपथ में भी विश, ब्राह्मण एवं क्षत्रिय वर्ग का तथा क्षत्रिय ब्राह्मण वर्ग का आधार कहा गया है। परन्तु शूद्र वर्ण पर सम्पूर्ण समाज आधार माना गया है।[43] यद्यपि ब्राह्मण को ज्ञान की उच्चता के कारण वर्णों में सर्वोच्च स्थान प्राप्त था फिर भी गुणों को ही अधिक महत्त्व दिया जाता था। एगलिंग का मत है कि ब्राह्मणों ने प्रत्येक दृष्टि से अपने अधिकारों की सर्वोच्चता स्थापित कर ली थी।[44] परन्तु ऐसा मत व्यक्त करना सर्वथा अनर्थक प्रतीत होता है। इसके विरुद्ध शतपथ का कथन है कि ब्राह्मण का यश राजा के यश से घट कर होता है।[45] इस प्रकार वर्णों का आधार जन्म न होकर उनके गुण ब्रह्मणत्व एवं क्षत्रित्व ही ग्रहणीय हैं।[46]

ऐतरेय ब्राह्मण में यद्यपि वर्ण व्यवस्था का स्पष्ट उल्लेख नहीं है, तथापि ऐसा प्रतीत होता है कि सभी वर्ण अपने-अपने नियत कर्मों को करते थे।[47] स्मृतियों के अनुरूप ही ब्राह्मण की कुशलता ज्ञात करने का ढंग ऐतरेय आरण्यक में भी था।[48] अतिथि का सत्कार करना गृहस्थ का परम कर्तव्य समझा जाता था। वैश्य व्यापार द्वारा धनार्जन किया करते थे।[49] वैश्य की भांति अन्य सभी वर्ण भी अपने-अपने कार्यों में समान रूप से रूचि लेते रहे होंगे। अत: शतपथ एवं ऐतरेय आरण्यक में वर्ण की उत्पत्ति का सिद्धान्त ऋग्वेद की भांति जन्म नहीं बल्कि गुण कर्म ही है।

स्मृतियों का सिद्धान्त

स्मृतियाँ हिन्दू सामाजिक संगठन की मूल समझी जाती हैं। जिनकी संख्या 20 है, परन्तु सभी स्मृतियों में मनुस्मृति का स्थान सर्वोच्च है। आधुनिक इतिहास वेत्ता

मनुस्मृति का काल 200 ई. पू. से 100 ई.उ. मानते हैं। महर्षि दयानन्द का मत है कि मनु जी सृष्टि के आदि में हुए। महर्षि का यही भाव प्रतीत होता हे कि चाहे मनु सृष्टि के आदि में न हुए हों, किन्तु मनु मानवीय मर्यादाओं के सर्वप्रथम व्याख्याता अवश्य थे। मनुजी महाराज की वेद में अटूट श्रद्धा थी। उन्होंने अपनी श्रद्धा का परिचय–''नास्तिको वेदनिंदक:''[50] वेद की निंदा करने वाला नास्तिक है। वेद भगवान में अपनी दृढ़ आस्था का परिचय देते हुए मनु जी महाराज ने वेद को अखिल विश्व के धर्म का मूल[51] एवं परम प्रमाण माना है।[52] वेद को प्रमाण मानने तथा दृढ़ निष्ठा के कारण मनु जी महाराज ने 'वर्ण' उत्पत्ति के सम्बन्ध में ऋग्वेद के पुरुष सूक्त का अनुसरण करते हुए अपनी स्मृति में इस प्रकार समर्थन प्रदर्शित किया है।''उस परमात्मा ने प्रजाओं अर्थात् समाज की विशेष वृद्धि, शान्ति, समृद्धि एवं प्रगति के लिए मुख, बाहु, जंघा और पैर की तुलना के अनुसार क्रमश: ब्राह्मण, क्षत्रिय, वैश्य और शूद्र वर्ण को निर्मित किया।[53] मनु जी महाराज ने वर्ण व्यवस्था को समस्त मनुष्य मात्र के कल्याण का साधन मानते हुए सभी वर्णों के कर्म भी नियत किए हैं।[54] मनुस्मृति के अतिरिक्त याज्ञवल्क्य, नारद आदि स्मृतियाँ मनुस्मृति का ही अनुसरण करतीं हुई प्रतीत होती हैं। मनुस्मृति में भी वर्णों के गुण महाभारत एवं उपनिषदों की भांति बतलाए गए हैं। ब्राह्मण का गुण सत्व, क्षत्रिय का रजो, वैश्य का रज तथा तम और शूद्र का तम गुण बतलाया है।[55]''

गीता का सिद्धान्त

ऋग्वेद तथा स्मृतियों की भांति गीता में भी वर्णों की उत्पत्ति पर प्रकाश डाला गया है। गीता ने सामाजिक व्यवस्था को सुचारू रूप से चलाने के लिए गुण कर्म को ही आधार माना है। श्री कृष्ण जी महाराज ने यह कहकर स्पष्ट कर दिया है कि ''चारों वर्णों की व्यवस्था गुण और कर्म भेद का मैंने निर्माण किया है।[56]'' इस श्लोक की व्याख्या में स्वामी प्रभु पाद भक्ति वेदान्त जी महाराज ने लिखा है कि क्रमिक रूप से मानव समाज अन्य पशु समाज की भांति है। मानव को पशुता से उन्नत करने के लिए वर्ण व्यवस्था का प्रतिपादन किया था।[57] वर्ण की उत्पत्ति का आधार एक मनोनैतिक है। गीताकार का प्रत्येक व्यक्ति को उसके व्यवसाय (धर्म) के प्रति निष्ठा का उपदेश[58] है। तथा ''सात्विक त्याग''[59] का अनुसरण प्रत्येक मानव प्राणी के अन्तिम लक्ष्य मोक्ष की प्राप्ति का आधार माना है। गीता में भी सांख्य दर्शन की भांति सम्पूर्ण विश्व को तीनों गुणों का मिश्रण माना है। अत: इन गुणों का मनुष्य के ऊपर प्रभाव होना असम्भावी है। मानव में त्रिगुणों का भेद, उसका व्यवसाय के प्रति रूचि के लिए प्रभावी कारक है। इसलिए प्रत्येक वर्ण का अपना-अपना कर्म होना स्वाभाविक भी है।

पुराणों का सिद्धान्त

पुराणों में भी विशेषकर विष्णु पुराण में ऋग्वेद के पुरुष सूक्त का ही समर्थन किया गया है।[60] कूर्म पुराण में भी ऋग्वेद के समर्थन में ही मत व्यक्त किया गया है। पितामह विभु (ब्रह्मा ने) मुख से ब्राह्मणों को, भुजा से क्षत्रियों को, दोनों जंघाओं से वैश्यों की तथा चरणों से शूद्रों को उत्पन्न किया।[61] अन्य दूसरे पुराणों में भी वर्णों के कर्तव्यों पर लगभग समान रूप से विधान दिया गया है।[62] कहीं-कहीं पर न्यूनाधिक मतान्तर है। जिनका हो जाना स्वाभाविक भी है। पुराणों में वेद को ही प्रमाण माना गया है। कूर्म पुराण[63] कूर्म पुराण[63] में चारों वेदों को ब्रह्मा का सहज स्वरूप एवं नित्य अव्यय शक्ति माना है। पृथ्वी पर इनसे भिन्न जो कोई भी शास्त्र हैं उनमें बुद्धिमान पुरुष को अनुराग नहीं करना चाहिए। (क्योंकि मनुष्य) उससे पाखण्डी हो जाता है। वेद विरुद्ध मत पुराणों में, नहीं है। यदा कदा अपवाद रूप में वेद विरुद्ध मत हो सकता है। अतः पुराणों में भी वर्ण उत्पत्ति का आधार गुण कर्म ही माना गया है।

बौद्ध साहित्य का सिद्धान्त

बौद्ध धर्म में वर्ण व्यवस्था का कोई विशेष स्थान नहीं है। परन्तु यदा-कदा जो कहीं पर इसका वर्णन मिलता है, वह कर्मानुसार ही है। महाभारत, ऋग्वेद, गीता, उपनिषद सभी वर्ण का आधार गुण कर्म मानते हैं। इसी भांति बौद्ध साहित्य में भी गुण कर्म को ही आधार माना है। बौद्ध ग्रंथ दीर्घ निकाय ने वर्ण की उत्पत्ति के सम्बन्ध में इस प्रकार के विचार मिलते हैं। ''प्रारम्भ में समस्त प्राणियों की एक समान स्थिति थी। जब विभिन्न तत्वों में व्यक्तिगत स्वार्थों के कारण चोरी, असत्य भाषण आदि दुर्गुण आ गए, तब बुरे कार्यों को रोकने और अच्छे कार्यों को प्रोत्साहित करने के लिए एक सौम्य एवं शक्ति सम्पन्न व्यक्ति को राजा या क्षत्रिय के रूप में प्रतिष्ठित किया गया। ध्यान में मग्न रहने तथा भिक्षा वृत्ति से भरण पोषण करने वाले ब्राह्मण कहलाए। इसी प्रकार वैश्य और शूद्र भी अपने-अपने कार्यों के फलस्वरूप विभक्त हो गए।[64]''

वैदिक वाङमय, स्मृतियों, शतपथ ब्राह्मण, पुराणों तथा गीता, रामायण, महाभारत आदि में वर्ण व्यवस्था का क्रम ब्राह्मण, क्षत्रिय, वैश्य तथा शूद्र है। उपरोक्त सभी ग्रन्थों में ब्राह्मणों को सर्वोच्च स्थान उसके ज्ञान, पवित्रता आदि के कारण दिया गया है, परन्तु बौद्धों का मूलमन्त्र अहिंसा रहा है। इसलिए शस्त्र को महत्त्व देना कदापि तर्क संगत नहीं है। दूसरा कारण यह भी हो सकता है कि वास्तव में बौद्ध धर्म का प्रारम्भ ब्राह्मण धर्म की प्रतिक्रिया के रूप में हुआ था। क्योंकि ब्राह्मणों के अत्याचार,

पाखण्ड, स्वार्थप्रियता, एवं वेद के नाम पर हिंसा, यज्ञो पर अनावश्यक खर्च किए जाने पर समाज की आर्थिक स्थिति चरमरा गई। इससे जनसाधारण व्यथित हो उठा। इसीलिए ब्राह्मण धर्म को त्याग कर बौद्ध धर्म को जनता ने अपनाया। ब्राह्मणों को कुछ नीचा दिखाने हेतु क्षत्रिय को ब्राह्मण से पहले स्थान दिया गया। तीसरा कारण यह भी है कि भगवान बुद्ध स्वयं क्षत्रिय कुलोत्पन्न थे। उनके कुल को सम्मान देने के लिए बौद्ध साहित्य में वर्ण व्यवस्था के वैदिक क्रम में फेर बदल किया गया है। कुछ भी कारण रहा हो। परन्तु बौद्ध साहित्य में वर्ण व्यवस्था को कर्मण्य स्वीकार किया गया है।

वर्ण विभाजन का आधार

वर्ण का विभाजन किस आधार पर किया जाए एक विवादास्पद प्रश्न है। कुछ विद्वान एक मत का प्रतिपादन करते हैं तो दूसरे विद्वान उसके विपरीत मत का प्रतिपादन करते हैं। मतैक्य अभाव है। अत: विभिन्न धर्मशास्त्रियों एवं विद्वानों ने वर्ण विभाजन के निम्न तीन आधार माने हैं–

1. गुण कर्म का आधार
2. जन्म का आधार
3. दैवी उत्पत्ति का आधार

1. गुण कर्म का आधारित–ऋग्वेद से लेकर स्मृति पर्यन्त ब्राह्मण ग्रन्थों के अतिरिक्त सभी धर्म ग्रन्थ वर्ण विभाजन का आधार गुण कर्म ही मानते हैं। ऋग्वेद के पुरुष सूक्त में वर्णों की उत्पत्ति ब्रह्मा के मुख, बाहु, उरु एवं पाँव से मानी है। जो कोई भी व्यक्ति पठन पाठन एवं धार्मिक कर्तव्य में रूचि लेगा वही ब्राह्मण हो सकता है। जिसकी बाहुओं में बल है जो राष्ट्र एवं समाज की रक्षा करेगा वह क्षत्रिय, जो वाणिज्य को देखेगा उसकी उत्पत्ति उरु से मानी है एवं सभी वर्णों के लिए सहायक सिद्ध होगा तथा धार्मिक कार्यों में अन्यों की अपेक्षाकृत कम रूचि रखता है वह शूद्र। इस प्रकार ऋग्वेद में स्पष्ट रूप से वर्ण का विभाजन गुण कर्म को ही माना है। छान्दोग्योपनिषद में व्यक्ति का वर्ण उसके पूर्व जन्मों के कर्मों के अनुरूप होगा।[65] स्कन्द पुराण ने संस्कार के बल पर ही मनुष्य को द्विज कहलाने का अधिकारी बताया है अन्यथा जन्म से सभी शूद्र ही होते हैं।[66] वर्ण का विभाजन कर्म को ही मानकर करना ज्यादा तर्क संगत है। चार वर्णों में तीन वर्णों को द्विजजाति मानने के पीछे भी धर्म की ही प्रमुखता है।[67] इसी प्रकार ऋषि याज्ञवल्क्य ने जन्म की अपेक्षा कर्म को माना है। याज्ञवल्क्य ने जनक का उत्तर देते हुए कहा 'व्यक्ति

की जाति की अपेक्षा कर्म को प्रधानता देनी चाहिए। कर्म नहीं करता तो उसकी श्रेष्ठता स्वीकार्य नहीं है। अत: कर्म ही श्रेष्ठ माना गया है।[68]'

वशिष्ठ स्मृति में चारों वर्णों में ब्राह्मण, क्षत्रिय एवं वैश्य की द्विजजातिय माना है।[69] तीन को द्विजजातिय मानने के पीछे एक मात्र उद्देश्य कर्म प्रधानता है। ब्राह्मण, क्षत्रिय और वैश्य अपने-अपने कर्मों के फल से ही द्विजवर्ण की संज्ञा से सुशोभित रहते हैं कर्म च्युत होने से वे भी शूद्र ही बन जाते हैं।[70] भगवान श्रीकृष्ण जी महाराज ने वर्णों की सृष्टि गुण तथा कर्म के आधार पर की है।[71] श्री कृष्ण जी महाराज ने गुणों को प्रकृतित (या प्रकृति से) तीन प्रकार के माने हैं सत्व, रज, तम।[72] मनु जी महाराज ने भी तीन ही गुणों को माना है।[73] सात्विक गुण से युक्त व्यक्ति ब्राह्मण कहलाता है। ब्राह्मण का लक्षण अर्थात् सात्विक गुण वेदों का अभ्यास, तप, ज्ञान, शौच, इन्द्रिय निग्रह धर्म कार्य एवं आत्म चिन्तन माना गया है। दुख युक्त, अप्रीतिकारक तथा शरीर को विषयों की ओर आकृष्ट करना आदि रजो गुण के कार्य माने गए हैं। लोभ, निद्रा, क्रूरता, नास्तिकता, नित्यकर्म का त्याग और प्रमाद ये तामस गुण के लक्षण हैं।[74] इसी प्रकार से गीता में भी तीनों गुणों के लक्षणों का समर्थन करते हुए सत्व गुण से युक्त ब्राह्मण, रजोगुण से क्षत्रिय, रजो और तमो गुण से वैश्य केवल तमो गुण से एवं शूद्र की उत्पत्ति हुई मानती है।[76] अत: स्पष्ट है कि वर्णों की उत्पत्ति गुण के आधार पर सही, शास्त्र सम्मत है। महाभारत में वर्णों की उत्पत्ति कर्म के आधार पर ही मानी है। प्रारम्भ में केवल एक ही वर्ण था, गुण कर्म के आधार पर बाद में चार वर्णों में बँट गए। वर्णों में कोई भी वर्ण किसी प्रकार से श्रेष्ठ अथवा हीन नहीं क्योंकि सम्पूर्ण जगत ब्रह्ममय है।[77] महाभारत के शान्ति पर्व में कर्म एवं गुणों के आधार पर वर्ण विभाजन किस प्रकार हुआ इस पर प्रकाश डाला गया है। जिन लोगों ने कोमलता को त्यागकर कठोर तथा उग्र स्वभाव बना लिया एवं साहसी कार्यों में प्रवृत्त हो गए उनका रंग लाल हो गया उन्हें क्षत्रिय वर्ण की संज्ञा प्रदान की गई। जिन लोगों ने गोपालन, कृषि व्यवसाय आदि को मुख्य रूप से स्वीकार कर लिया उन का रंग पीला हो गया वे वैश्य के नाम से पुकारे जाने लगे। और जो शौच, सदाचार को त्याग हिंसा और असत्य में रूचि रखने लगे लोभ में पड़कर निन्दनीय कर्म की ओर प्रवृत हो गए उनके रंग काले पड़ गए, उन्हें शूद्र कहा जाने लगा।[78] शुक्रनीतिकार ने वर्ण निर्णय गुण के आधार पर माना हे। इस प्रकार गुण पर ही बल मिलता है। परन्तु वर्ण विभाजन गुण एवं कर्म दोनों पर आधारित ही है।[79] रामायण युग में वैदिक युग की चतुवर्ण व्यवस्था समाज में पूर्णरूपेण स्थापित हो गई थी।[80] परन्तु इस समय तक भी सिद्धान्त रूप में यह विभाजन गुण कर्म पर आधारित था।[81] वाल्मीकि रामायण में वर्ण शब्द चतुवर्ग ब्राह्मण, क्षत्रिय, वैश्य तथा

शूद्र का अर्थ सूचक है। जातिपरक कदापि नहीं। चतुवर्ण स्व-स्व कर्तव्यानुपालन सम्मान के पात्र समझे जाते थे। यज्ञ शास्त्र में सभी को समान रूप से सम्मान करने का निर्देश दिया जाता था।[82] महर्षि जैमिनी का विचार भृग. के मत अनुरूप ही है। उनके कथनानुसार मनुष्य अर्थ, काम, धर्म और मोक्ष को जीवन का प्रमुख उद्देश्य मानता है। इन चार फलों की सिद्धि कें लिए जिस प्रकार के कर्म किए जाते हैं उनके अनुसार वर्ण विभाजन भी हो जाता है।[83] यास्काचार्य जी ने निरुक्त में सन्तान और देवादि दो भाइयों का वर्णन किया है। एक ब्राह्मण पुरोहित तथा दूसरा क्षत्रिय राजा बना। इसी प्रकार दास कन्या इलुषा के पुत्र कवष ने एक यज्ञ में ब्राह्मण पुरोहित का कार्य किया। जनक, विश्वामित्र, अजमीढ, पुरामीढ को ब्राह्मण वर्ण में स्थान दिया गया। इस प्रकार के अनेकों उदाहरण हिन्दू धर्म ग्रन्थों में यत्र-तत्र उपलब्ध हैं। इस प्रकार व्यक्ति का वर्ण परिवर्तन मात्र गुण, कर्म के आधार मानने पर ही सम्भव है। महर्षि दयानन्द सरस्वती जी महाराज ने अपने ग्रन्थ सत्यार्थ प्रकाश में स्पष्ट रूप से उद्घोष किया है कि "विवाह वर्णानुक्रम से करें और वर्ण व्यवस्था भी गुण, कर्म, स्वभाव के अनुसार होनी चाहिए।"[84] महर्षि स्वामी दयानन्द जी महाराज ने वर्ण व्यवस्था को जन्मना कदापि स्वीकार नहीं किया। ऋग्वेदादि-भाष्य भूमिका में वर्ण व्यवस्था पर प्रकाश डाला और स्पष्ट रूप से गुण कर्म, स्वभाव के पक्ष में विचार व्यक्त किए हैं।[85] राष्ट्रपति डॉ. राधाकृष्णन ने वर्ण व्यवस्था को स्वाभाविक योग्यताओं और कर्मों (धन्धों) पर आधारित एक गतिशील व व्यापक व्यवस्था माना है। जिसने आगे चलकर लोगों में एक मिथ्या अभिमान की भावना भर दी और उसके फल स्वरूप जाति प्रथा का कटु रूप विकसित हुआ।[86] उन्होंने वर्ण का विभाजन व्यक्तिगत स्वभाव पर आधारित मानते हुए इसे परिवर्तनशील माना है। व्यक्ति के स्वभाव परिवर्तन के साथ ही उसका वर्ण भी परिवर्तित हो जाता है।

पी.एन.प्रभु का मत है कि वर्ण व्यवस्था के विषयक विचार वैदिक साहित्य में प्रतिपादित कर्म तथा श्रम पर आधारित सिद्धान्त को प्रतीकात्मक मानते हैं।[87] प्रभु जी ने वर्ण व्यवस्था के सम्बन्ध में दो मतों पर प्रकाश डाला है। (1) विभिन्न कर्मों के अनुसार जिसमें पूर्व जन्म में किए गए कर्म भी सम्मिलित हैं। (2) वर्णों की प्राप्ति कर्म में नहीं जन्म से होती है। मानव जिस वर्ण में जन्म लेता है वही उनका वर्ण मान लिया जाता है। परन्तु प्रभु जी के मत में वर्ण व्यवस्था में कर्मका होना ज्यादा तर्क पूर्ण है। डॉ. रामदत्त भारद्वाज के अनुसार वर्ण व्यवस्था जन्म और कर्म दोनों पर ही आधारित है।[88] डॉ. सत्यकेतु विद्यालंकार, सत्यव्रत सिद्धान्तालंकार एवं पं. धर्मदेव विद्यामार्तण्ड प्रभृति आर्य विद्वानों ने वर्ण विभाजन का मूलाधार गुण कर्म को स्वीकार किया है। डॉ. वी.वी. काणे ने रंग विभेद के आधार पर वर्ण विभाजन माना

है।[89] डॉ. जी.एस. धुर्ये[90], जे.एच.हट्टन[91] समाज शास्त्री सेनार्त[92] डॉ. रैप्सन[93], पंडित राहुल सांकृत्यायन[94] प्रभृति मूर्धन्य विद्वानों ने वर्ण शब्द को रंग के अर्थ में स्वीकार किया है। महाभारत में रंग को ही वर्ण भेद का कारण पहले स्वीकार किया गया जिस की व्याख्या कर्म के आधार पर भृगु ने भारद्वाज से की। उसी प्रकार यहाँ रंग भेद भी अन्ततोगत्वा गुण एवं कर्म को ही संकेत करता है।[95] विश्व में अधिकांश उच्च कोटि के विद्वान, वैदिक वाङमय में स्पष्ट रूप से गुण एवं कर्म को वर्ण विभाजन का आधार मानते हैं।

2. जन्म पर आधारित—प्रारम्भ में वर्ण व्यवस्था का आधार गुण कर्म ही था, परन्तु बाद में इसमें विशेष आ जाने से इसका मूल स्वरूप ही बदल गया और यह व्यवस्था, जो वैज्ञानिक एवं समाज कल्याण की दुन्दुभि बजाती थी। समाज में जन्मना का रूप धारण करके धीरे-धीरे जाति के रूप में हमारे सामने विनाश की ज्वाला अपने हाथ में लेकर समाज में कैंसर की भांति फैल गई।

वर्ण विभाजन की जन्म के आधार पर विभाजित करने वाले प्रमुख रूप से ब्रह्मण ग्रन्थ ही हैं। ब्राह्मण ग्रन्थों में भी वर्णों का आधार जन्म न होकर गुण ही ग्रहणीय है।[96] यद्यपि महाभारत में वर्ण विभाजन का आधार गुण कर्म ही है परन्तु जन्म मानने से प्रमाण पर्याप्त मात्रा हैं। परशुराम जी जन्म से ब्राह्मण थे परन्तु उनके कर्म क्षत्रिय के थे। फिर भी ब्राह्मण कहलाए। द्रोणाचार्य का कार्य युद्ध करना था, जो क्षत्रिय का प्रमुख कार्य माना जाता था, अश्वत्थामा ने द्रोपदी के बच्चों का वध किया। द्रोणाचार्य क्षत्रिय का कार्य करते हुए भी ब्राह्मणत्व से वंचित नहीं हुए। अश्वत्थामा को ब्राह्मण पुत्र होने के कारण मृत्यु मुख से निकलने का अवसर मिल गया। महात्मा गांधी जी वर्ण का आधार जन्म मानते हैं। वर्ण के सम्बन्ध में गांधी जी के विचार इस प्रकार से हैं—'वर्ण का अर्थ है मनुष्य के पेशे के चुनाव का पूर्व निर्धारण। वर्ण का नियम यह है कि एक व्यक्ति अपनी रोटी कमाने के लिए अपने पूर्वजों के पेशे को अपनाएगा। प्रत्येक बच्चा स्वभावतः ही अपने पिता का वर्ण प्राप्त करता है। अपने पिता का ही पेशा चुनता है। इस प्रकार एक अर्थ में वर्ण वंशानुक्रमण का ही नियम है।' श्री वसन्त कुमार चट्टोपाध्याय ने वर्ण का आधार जन्म को ही माना है। स्वामी कृपात्री जी ने अपने प्रसिद्ध ग्रन्थ वेद पारिजात में वर्ण का आधार जन्म को ही माना है।

3. देवताओं के गुणों के आधार पर उत्पत्ति का सिद्धान्त—देवताओं को उनके गुणों के आधार पर वर्ण विभाजन के अनुसार चार वर्णों में विभाजित किया गया है। यज्ञ, विद्या के कारण अत्रि एवं बृहस्पति को ब्राह्मण देवताओं का स्थान प्राप्त हुआ। शाक्ति, पोषण तथा पराक्रम के अनुसार इन्द्र, वरूण तथा यम को

क्षत्रिय देवताओं में स्वीकार किया गया। वसु, रूद्र एवं मरूत देवता वैश्य वर्ण के माने गए। पूषा देवताओं में शूद्र माने गएद्ध[97] प्रो. रानाडे ने इस सिद्धान्त के समर्थन में इस प्रकार विचार व्यक्त किए हैं– कि 'स्वर्ग लोक वर्ण व्यवस्था के आधार पर ही इस मृत्युलोक के वर्णों की सृष्टि हुई है।[98] छांदोग्योपनिषद भी वर्ण उत्पत्ति एवं विभाजन को देवताओं के गुणों के आधार पर ही मानता हे। उत्तर-वैदिक काल के लगभग सभी ग्रन्थों में दैवी उत्पत्ति के सिद्धान्त का वर्णन मिलता है।[99] प्राचीन पालि ग्रन्थों में वर्ण व्यवस्था का आधार दैवी उत्पत्ति के सिद्धान्त को ही माना है।[100] महाभारत में वर्ण के सम्बन्ध में गुण कर्म के साथ-साथ दैवी उत्पत्ति के सिद्धान्त का भी प्रतिपादन मिलता है।[101]

दैवी उत्पत्ति सिद्धान्त के अस्तित्व में आने का मुख्य कारण यही रहा होगा कि मानव अपने कर्तव्यों आदि से विचलित हो रहा होगा। मानव देवों से बहुत भयभीत एवं श्रद्धा रखता है। इसी प्रकार से देवों के भय एवं उनके प्रति श्रद्धा के कारण स्व-स्व कर्तव्य पालन में प्रवृत हो। स्व कर्तव्य का पालन न करने पर दैवी आपदाओं की आशंका की भावना ही उसके पीछे मूल कारण रही होगी।

ऋग्वेद में वर्णन है कि ब्राह्मण को सर्वप्रथम देने वाला सुखी जीवन व्यतीत करता है।[101क] तैत्तरीय संहिता में लिखा है। ब्राह्मण ऐसे देवता हैं जिन्हें प्रत्यक्ष देख सकते हैं।[101ख] इस प्रकार क्षत्रिय दैवी उत्पत्ति के सम्बन्ध में भी वैदिक वाङमय में यत्र-तत्र उद्धरण उपलब्ध है।

वर्ण क्रम

वर्णों में प्रमुख स्थान ब्राह्मण को दिया गया है सभी स्मृतियाँ, दोनों महाकाव्यों, अष्टादश पुराण, ब्राह्मण ग्रन्थों आदि के अनुशीलन से यह परिणाम स्पष्ट रूप से सामने आता है कि ब्राह्मण, क्षत्रिय वैश, शूद्र[102] क्रम, क्रमशः महत्ता का सूचक है। डॉ. सीताराम झा ने वर्णों के इस क्रम निर्धारण में दो तत्वों का प्रमुख आधार माना है। (1) सामाजिक प्रतिष्ठा (2) कार्यात्मक योग्यता।[102 क] समाज में जिस वर्ण को उसके आचरण से सर्वोच्च स्थान प्राप्त है। कार्यात्मक योग्यता वर्ण की कार्य कुशलता पर आधारित है।

महाभारत के अनुसार ब्राह्मण प्रथम वर्ण है। सर्वप्रथम ब्राह्मण की सृष्टि हुई।[103] ब्राह्मण को सभी का गुरु माना है।[104] ब्राह्मण को प्रत्यक्ष देवता माना है।[105] पुराणों में अत्यधिक महत्त्व देते हुए ब्राह्मण को प्रत्यक्ष देवता की कोटि में खड़ा किया है। ब्राह्मण के बिना कोई धार्मिक कार्य पूर्ण नहीं माना जाता।[106] रामचरितमानस

में ब्राह्मण की श्रेष्ठता इन शब्दों में प्रतिपादित की है 'ते नर प्राण समान मम जिन्ह के द्विज पद प्रेम।'[107]

बौद्ध साहित्य में वर्ण क्रम में थोड़ा परिवर्तन है ब्राह्मण के स्थान पर क्षत्रिय को प्रथम स्थान दिया गया। बौद्ध साहित्यानुसार क्षत्रिय, ब्राह्मण, वैश्य, शूद्र का क्रम है। वस्तुत: बौद्ध के समय में जाति भेद पराकाष्ठा पर पहुँच गया। ऊँच नीच की भावना अति प्रबल हो जाने के कारण ब्राह्मण तथा क्षत्रिय दोनों ही अपनी श्रेष्ठता सिद्ध करने के लिए प्रयत्नशील थे। इसी कारण क्षत्रिय को सवोच्च स्थान पर रखा गया।

डॉ. राहुल सांकृत्यायन के विचारानुसार 'बड़े वर्ण या जाति का मतलब है संपत्ति का स्वामी होना और छोटे वर्ग या जाति का अर्थ है, संपत्ति से वंचित होना।[108] परन्तु उपरोक्त मत तर्क संगत कदापि नहीं है क्योंकि यदि धन वर्ण की श्रेष्ठता का मापदण्ड है तो वैश्य का सर्वोच्य स्थान होना चाहिए। वैश्य सदैव से धन का स्वामी रहा है। उसका रंग भी स्वर्ग की तरह पीला माना है। वर्ण विभाजन में आर्थिक कारण को महत्त्वपूर्ण माना है। क्योंकि उत्पादन में श्रम के विभाजन की आवश्यकता पड़ी,[109] परन्तु वर्णक्रम निर्धारण में तो गुणों को ही आधार मानने का औचित्य है।'

1. ब्राह्मण

वृद्धि का अर्थ बोधक वृद्धि धातु भ्वादिगणीय है। उसी वृद्धि धातु से बृहत्व, वृहणत्ववा 'ब्रह्म' इस अर्थ में उक्त धातु से 'सार्व धातुभ्यो मनिन' इस उणादि सूत्र से मनिन (मन्) प्रत्यक्ष होता है तथा 'वृ हेर्नो च्च' इस उणादि सूत्र के नुयवाला नकार का आकार हो जाता है तब 'बृ' वा अ का यण र हो जाने से 'ब्रह्म' शब्द निष्पन्न होता है।[110]

"सर्व तंत्र सिद्धान्त लक्षण संग्रह" के अनुसार ब्रह्मतत्व ज्ञान, वेद तत्व ज्ञान तथा ब्राह्माणी के गर्भ से ब्राह्मण द्वारा उत्पत्ति ये तीनों जिनमें हो, वे ब्राह्मण हैं। इनके साथ ही ब्रह्मतत्व ज्ञान एवं ब्रह्म तत्व ज्ञान से ही न केवल ब्राह्मण द्वारा ब्राह्मणी के गर्भ से उत्पत्ति मात्र जिनकी है, वे भी ब्राह्मण हैं।[111]

अमर कोष के अनुसार 'ब्रह्म, तत्वं तपो वेदो, ब्रह्माविप्र: प्रजापति:' अर्थात् निरवच्छिन्न चैतन्य, तत्व, तप और वेद इन अर्थों का बोधक ब्रह्म शब्द नपुंसक लिंग तथा ब्राह्मण और ब्रह्म अर्थ सूचक ब्रह्म शब्द पुल्लिंग होता है। इसी ब्रह्म शब्द से ब्राह्मण की व्युत्पत्ति बनाई गई है–'ब्रह्म वेद: निरवच्छिन्न चैतन्यं च तं अधीते वेद जानाति वा य: स ब्राह्मण:' वेदाध्ययन, वेद ज्ञाता वा निरवच्छिन्न चैतन्य का

साक्षात्कार कर्ता ही ब्राह्मण है। 'ब्रह्मण: अपत्वं ब्राह्मण: इस व्युत्पत्ति के अनुसार ब्राह्मण या ब्रह्म के पुत्र ब्राह्मण हैं।[112]'

ऋग्वेद में 'ब्रह्मण' शब्द का प्रयोग अनेकबार हुआ है।[113] परन्तु अनेक स्थलों पर ब्रह्मपुत्र[114] शब्द भी प्रयुक्त है। ऋग्वेद में 'ब्रह्म' शब्द का अर्थ है 'प्रार्थना' या स्तुति।[115] अथर्ववेद में 'ब्रह्म' शब्द 'ब्राह्मण' वर्ग के अर्थ में आया है।[116] ब्रह्म शब्द का क्रमश: ब्राह्मणों के लिए प्रयुक्त हो जाना स्वभविक ही है, क्योंकि ब्राह्मण ही स्तुतियों एवं प्रार्थनाओं (ब्रह्म) के प्रणेता होते थे।[117] ब्राह्मण का ब्रह्म के मुख से उत्पन्न होना बहुत ही वैज्ञानिक तथा तर्कपूर्ण है। क्योंकि ब्राह्मण वहीं बन सकता था जो धर्म ग्रंथों में निषणात, समाज को सभी धार्मिक कर्मकाण्ड, एवं धर्म के विषय में प्रवचनों के द्वारा अवगत कराने वाला तथा धार्मिकता के प्रति उन्मुख करने वाला होता था।

ब्राह्मणों के प्रकार–

मूर्धन्य विज्ञान पी.वी. काणे ने 'धर्मशास्त्र का इतिहास' के प्रथम भाग में ब्राह्मणों के प्रकार पर प्रकाश डाला है। उन्होंने अत्रि को उद्धरित करते हुए ब्राह्मणों के दस प्रकारों पर प्रकाश डाला है। जो निम्न प्रकार से हैं– (1) देव ब्राह्मण (2) मुनि ब्राह्मण (3) द्विज ब्राह्मण (4) श्रत्रिय ब्राह्मण (5) वैश्य ब्राह्मण (6) शूद्र ब्राह्मण (7) निषाद ब्राह्मण (8) पशु ब्राह्मण (9)म्लेच्छ ब्राह्मण (10) चाण्डाल ब्राह्मण[118] अपरार्क ने देवल को उद्धृत करते हुए ब्राह्मणों को आठ प्रकारों में बाँटा है–

(1) जाति ब्राह्मण (2) ब्राह्मण (3) श्रत्रिय (4) अनूचान (5) भ्रूण (6) ऋषिकल्प (7) ऋषि (8) मुनि[119] शातातप ने निन्दित ब्राह्मणों के छ: प्रकारों पर प्रकाश डाला है[120] अनुशासन पर्व ने भी कई प्रकार माने हैं[121]– इस प्रकार शूद्रों की उपजातियों की भांति ब्राह्मणों के भी भेद हैं, जो कालान्तर में ब्राह्मणों में ऊँच नीच के द्योतक बन गए।

ब्राह्मण का महत्त्व एवं कर्तव्य

ब्राह्मणों को समाज में सर्वोच्च स्थान प्राप्त था। ब्राह्मण के कर्तव्यों पर प्रकाश डालते हुए मनु जी महाराज ने ब्राह्मण के निम्न छ: कर्तव्य बतलाए हैं। अध्ययन, अध्यापन, यज्ञ करना, यज्ञ कराना, दान देना और दान लेना। इन छ: कर्मों में से तीन कर्म ब्राह्मणों की जीविका के लिए है। वे इस प्रकार हैं सांगवेदाध्यापन, यज्ञ कराना और विशुद्ध एवं शास्त्र सम्मत दान लेना।[122] वेदाध्ययन करना, यज्ञ करना, दान देना ब्राह्मण, क्षत्रिय एवं वैश्य के लिए आवश्यक कर्तव्य माने गए हैं, परन्तु

वेदाध्यापन, यज्ञ कराना, दान लेना ब्राह्मणों के विशेषाधिकार माने गए हैं।[123] महाभाष्य में पतंजलि जी ने ब्राह्मण के लिए धर्म, वेद एवं वेदांगों का अध्ययन करने की प्रेरणा दी है।[124] वेदाशास्त्रों का स्वाध्याय करना ब्राह्मणों का सर्वप्रमुख कर्तव्य माना गया है क्योंकि इसी से उनके सभी कर्मों की पूर्ति हो जाती है।[125] वेदाध्ययन ब्राह्मण का परमावश्यक कर्तव्य माना गया है।[126] याज्ञवल्क्य के अनुसार 'ब्राह्मण' को ब्रह्मा ने धर्म, एवं वेद की रक्षार्थ उत्पन्न किया है।[127] श्रुति और स्मृति ही ब्राह्मणों के यथार्थ नेत्र हें। इनमें से किसी एक के अभाव में वे काने हो जाएंगे और यदि दोनों ही न रहें तो वे अन्धे हो जाएंगे।[128] गीताकार ने उपरोक्त विशिष्ट कर्मों से हटकर सामान्य कर्मों पर प्रकाश डालते हुए लिखा है कि 'शम अंतकरण का निग्रह, दम इंद्रियों का दमन, शौच–बाह्य अन्तः की शुद्धि, तप–कर्म के लिए कष्ट सहिष्णुता, क्षान्ति–क्षमा भाव, आर्जवम्–मन इन्द्रिय और शरीर की सरलता, आस्तिकता–शास्त्र विषयक ज्ञान और परमात्मतत्व का अनुभव ये ब्राह्मणों के स्वाभाविम कर्तव्य हैं।[129] गीता की भांति श्रीमद्‌भागवत में भी उपरोक्त स्वाभाविक कर्मों को माना है।[130]'

उपनिषदों में ब्रह्मणों की महत्ता पर प्रकाश डाला गया है। छान्दोग्योपनिषद में ब्राह्मणों को अनिन्ध बताया गया है।[131]ब्राह्मण की हिंसा करने वाला क्षत्रिय अपनी योनि को ही नष्ट कर डालता था। उसे पापी कहा गया है।[132] परन्तु महत्ता के साथ उपनिषदों में उनके कर्तव्य भी बताए गए हैं। स्वाध्याय, यज्ञ, दान तथा तप उनके कर्तव्य थे।[133] ब्राह्मणों को समाज में जो सम्मान एवं महत्त्व प्राप्त था वह मात्र ब्राह्मण की एषणा रहित तथा अपरिग्रही वृत्ति के कारण था।[134]

शतपथ ब्राह्मण में 'ब्रह्म पुत्र' ब्राह्मण के लिए एक सम्मान सूचक शब्द का प्रयोग है।[135] ब्राह्मण को देवत्व से परिपूर्ण माना है। विद्यावान तथा विद्वान ब्राह्मण को मनुष्यों में देवता के समान माना गया है।[136] शतपथ ब्राह्मण में ब्राह्मण के कर्तव्यों की भी चर्चा है। अपनी अनुवंशिकता को पवित्र रखना ब्राह्मण का परम कर्तव्य माना है। जिससे समाज में अनुकरणीय जीवन प्रस्तुत कर सके।[137] ब्राह्मण में दैवी गुणों की अपेक्षा शतपथ ब्राह्मण ग्रन्थ में स्पष्ट रूप से की गई है। वेदाध्ययन को ब्राह्मण के लिए आवश्यक कर्तव्य बताया गया है। ऋषि ऋण से उऋण होने के लिए इस कर्तव्य का पालन अत्यन्त आवश्यक माना है।[138]

शतपथ ब्राह्मण में ब्राह्मण के कर्तव्यों का संकेत तीन रूपों में किया गया है। ब्राह्मण्य (पवित्रता) प्रतिरूप चर्चा (अपने कर्तव्यों के प्रति निष्ठा) तथा लोक पवित्रः (संसार को शिक्षा द्वारा योग्य बनाना) ब्राह्मण के लिए भक्षाभक्ष भी बताया गया है। ब्राह्मण को श्रेयस्कर है कि वह मदिरा, मांस भक्षण न करे।[139] तथा किसी द्वारा त्याज्य अथवा अस्वीकृत दान को भी न स्वीकार करे।[140]

कौटिल्य अर्थशास्त्र एवं महाभारत में ब्राह्मण के निम्न मुख्य कर्तव्य माने हैं–अध्ययन, अध्यापन, दान लेना एवं यज्ञ करना तथा कराना।[141] ब्राह्मण को वेदाध्ययन में पूर्ण निष्ठा के साथ रत रहना ही श्रेयष्कर माना गया है। ब्राह्मण को ब्रह्मा की वाणी से उत्पन्न माना है। वेद भगवान ब्रह्म की कृति हैं। वेद सब सत्य विद्याओं का आधार है।[142] इनका प्रचार-प्रसार करना ब्राह्मण का दायित्व माना गया है। ब्राह्मण को यज्ञ करना एवं कराना चाहिए।[143] यज्ञ के द्वारा सम्पूर्ण चरा अचर जगत का कल्याण होता है। यहाँ तक कहा गया है कि ब्राह्मणों में यज्ञ प्रतिष्ठित है।[144] वेदाध्ययन रहित ब्राह्मण को शूद्रवत माना गया है।[145] वेद विमुख एवं स्मृति ज्ञान रहित ब्राह्मण प्रभावहीन हो जाते हैं और इस प्रकार के ब्राह्मणों को किसी प्रकार का दान देने से कुल का नाश माना जाता है।[146]

दान लेना ब्राह्मण का कर्तव्य, धर्म एवं विशेषाधिकार माना गया है, परन्तु दान के स्वीकार करने के विषय में मतैक्य नहीं है। परन्तु अधिकांश धर्म ग्रन्थ ब्राह्मण का दान ग्रहण करना शास्त्र सम्मत मानते हैं। दान माँगने के लिए प्राचीन काल में ऋषि जाया करते थे। यथा ऋषि अत्रि धन याचना करने राजा पृथु के यहाँ गए थे तथा अगस्त्य राजा श्रतर्वा वतृमाश्य एवं त्रसदस्यु[147] के यहाँ।

यद्यपि दान लेना ब्राह्मण का कर्तव्य है परन्तु मनु जी महाराज ने दान लेना घृणित कृत्य माना है। दक्षिणा लेने से लोभ बैठता है। ब्राह्मण के तप, तेज एवं यश का नाश होता है।[149] यदि ब्राह्मण अपनी जीविका न चला सके तो फसल कट जाने के बाद खेत में जो धान की बालियाँ गिर पड़ी हो उन्हें चुनकर खाएँ।[150] दान लेने से यह कष्टकर कार्य श्रेष्ठ है। इसे ही मनु में 'कृत' की संज्ञा दी है। [151] विश्वामित्र ने जीवन रक्षार्थ दान लेने की अपेक्षा कुत्ते के मांस पिण्ड की चोरी करना श्रेयस्कर समझा।[152] ब्राह्मण की सम्पत्ति तप है। लौकिक धन की कभी सपने में भी आकांक्षा नहीं करनी चाहिए। व्यक्तिगत आवश्यकताओं के लिए ब्राह्मण को कदापि दान नहीं स्वीकार करना चाहिए। सामाजिक कार्य हेतु माँगना धर्म पूर्ण है।

संसार में सबसे हलका तिनका है। तिनके से हल्की रूई परन्तु रूई से हल्का माँगने वाला बताया गया है। प्रश्न उठता है माँगने वाला रूई की भांति हवा में क्यों नहीं उड़ जाता। हवा को भी डर लगता है कि कहीं माँगने वाला मुझे ही न माँग ले। याचना कदापि नहीं करनी चाहिए। जीवन यापन में कठिनाई होने पर भी ब्राह्मण को शिलोच्छ वृत्ति को नहीं त्यागना चाहिए। दान कदापि न ले।[153] जो लौकिक धन का लोभ करता है उसका तप रूपी धन समाप्त हो जाता है।[154] ब्राह्मण को अपनी ब्राह्मणवृत्ति से रहकर ही वेदाध्ययन, अध्यापन में ही रत रहना चाहिए। आपातकालीन स्थिति आ जाने पर ब्राह्मण को राजा, अपने शिष्य या सुपात्र के यहाँ

सहायता के लिए जाना चाहिए।[155] कुपात्र से न तो दान लेना चाहिए और न कुपात्र को दान देना चाहिए।

ब्राह्मण अपने ब्राह्मण के कर्तव्यों के अतिरिक्त अन्य कार्य करते थे। क्योंकि वर्ण व्यवस्था तो गुण कर्मानुसार थी। यदि कोई ब्राह्मण के कर्तव्य पालन से अपने जीवन यापन में असुविधा का अनुभव करता था। तो वह क्षत्रिय एवं वैश्य का कार्य कर सकता था। इस प्रकार का विधान गौतम धर्मसूत्र में दिया है[156] बौधायन धर्मसूत्र, मनु, याज्ञवल्क्य, नारद, विष्णु आदि ने भी उपरोक्त बात को अपने-अपने ढंग से समर्थन दिया है।[157] प्राचीन काल में ब्राह्मणों ने क्षत्रिय धर्म को स्वीकार किया। द्रोणाचार्य, अश्वत्थामा, कृपाचार्य तथा परशुराम ने अस्त्र-शस्त्र उठाए। ये सभी उच्चकोटि के योद्धा थे। पुष्यमित्र शुंग ब्राह्मण थे उन्होंने बृहद्रथ मौर्य की 187 ई.पू. में हत्या कर वैदिक धर्म एवं राष्ट्र की रक्षा की थी। कण्व वंश का संस्थापक वासुदेव भी ब्राह्मण था। यही नहीं आन्ध्र सातवाहन सातकरणि ब्राह्मण ही थे। इस प्रकार ब्राह्मण सेनापति वैदिक काल से लेकर मराठा साम्राज्य तक हुए हैं। ब्राह्मण का अस्त्र शस्त्र उठाना शास्त्र सम्मत भी था। प्रथम तो वर्ण व्यवस्था कर्मणा थी साथ ही आपत्ति काल के लिए लिखा है 'आपतिकालेमर्यादानास्ति' आपातकाल में मर्यादाओं का बन्धन नहीं रह जाता। मनु जी महाराज ने आपत्ति काल के लिए ब्राह्मण को गाय, ब्राह्मण, नारियों तथा राष्ट्र की रक्षार्थ अस्त्र शस्त्र उठाने के लिए कहा है।[158] महाभारत के शल्य पर्व के अनुसार राजा की आज्ञा से ब्राह्मण को युद्ध करना चाहिए।[159] जब समाज में विधान टूट जाए, चोर, डाकू आदि बढ़ जाएं तो सभी वर्णों को आयुध ग्रहण करना चाहिए।[160]

ब्राह्मण-सैन्य कार्य के अतिरिक्त वाणिज्य तथा कृषि भी कर सकते थे। यद्यपि कृषि के सम्बन्ध में मतैक्य नहीं है, परन्तु आपत्ति काल में जीविका साधन के लिए, विद्या, कलाएँ एवं शिल्प, पारिश्रमिक पर कार्य, नौकरी, पशुपालन, वस्तु विक्रय, कृषि, सन्तोष, भिक्षा एवं कुसीद ये नौ कार्य करने का विधान है।[161] याज्ञवल्क्य ने भी इनमें से सात कार्य करने का विधान दिया है। इस प्रकार ब्राह्मण अपने विशिष्ठ कार्यों के अतिरिक्त अन्य कार्य भी कर सकता था।

ब्राह्मण के विशेषाधिकार

ब्राह्मण का समाज में सर्वोच्च स्थान था। पढ़ना, पढ़ाना, दान लेना, तथा यज्ञ करवाना ये ब्राह्मण के प्रमुख विशेषाधिकार थे, परन्तु इनके अतिरिक्त अन्य भी बहुत विशेषाधिकार ब्राह्मण को प्राप्त थे जिनका प्रभाव अभी तक समाज के व्याप्त है जो निम्न प्रकार से हैं।

(1) ब्राह्मण को अन्य सभी वर्णों का गुरु माना जाताािा।[162] यह पद प्रारम्भ में गुण कर्मानुसार था, परन्तु कालान्तर में जन्म से हो गया।

(2) ब्राह्मण को समाज में देवतुल्य माना गया है।[163]

(3) अन्य वर्णों के कर्तव्यों एवं उचित आचार संहिता का निर्धारण करना तथा उनको जीविका चलाने हेतु साधन बताना।[164]

(4) तपोबल, ब्रह्मवर्चस्व एवं त्याग के कारण ब्राह्मण को अलौकि शक्तियों से युक्त माना गया है।[165] ब्राह्मण का अपमान सर्वनाश का कारण माना है।[166]

(5) ब्राह्मणों को छोड़कर राजा सबका शासक माना है।[167]

(6) ब्राह्मण का बालक वृद्ध की भांति ही पूज्य है।[168]

(7) ब्राह्मण की आर्थिक दृष्टि से भी विशेषाधिकार थे।[169]

(8) ब्राह्मण करों से मुक्त था।[170] राज्य द्वारा उन्हें करमुक्त भूमि दी जाती थी।

(9) पाए गए धन के विषय में अन्य वर्णों की अपेक्षा ब्राह्मण को अधिक छूट दी गई थी। यदि कोई विद्वान ब्राह्मण गुप्त धन पाता था तो वह उसे अपने पास रख सकता था। जबकि अन्य वर्णों के लोगों द्वारा पाए गए गुप्त धन को राजा हड़प लेता था। यदि राजा स्वयं को गुप्त धन प्राप्त होता था तो आधा ब्राह्मणों में बाँट देता था।[171]

(10) ब्राह्मण की हत्या अधमतम अपराध माना जाता था। किसी ब्राह्मण को तर्जना देना, या मारने की धमकी देना या पीट देना या शरीर से चोट द्वारा रक्त निकाल देना भी बहुत भर्त्सनीय माना जाता रहा।[172]

(11) कुछ अपराधों में ब्राह्मण को अन्य वर्णों की अपेक्षाकृत कम दण्ड मिलता था।

2. क्षत्रिय

'क्षदि' सोत्र धातु है। उससे क्षदि धातु से 'गृ धृ को पचि वचि यति सदि क्षदिभ्यस्त्रः' उणादि गणीय सूत्र से–प्रत्यय करने से 'क्षत्र' शब्द बनता है। उस 'क्षत्र' शब्द से 'क्षगदधः' इस सूत्र के द्वारा घ प्रत्यय होता है। उस 'घ' के स्थान में 'आघनेयीनीयित्रः

फ ढ ख छ धां प्रत्ययादीनम इस सूत्र से इम् आदेश होता है' 'वाला 'अ' का 'यस्येतिच' इस सूत्र से लोप हो जाता है, तब 'क्षत्रिय' शब्द निष्पन्न होता है। 'क्षत्रिय' शब्द की व्युत्पत्ति इस प्रकार बताई गई है। 'क्षतात्' (सर्वविपत्तः) त्रायते (रक्षति) जनान् यः स क्षत्रः तस्यापत्यं घुमान्क्षत्रियः'[173] 'सर्वतंत्र सिद्धान्त लक्षण संग्रह' में क्षत्रिय का लक्षण उग्र कर्मा बताया गया है।[174]

ऋग्वेद में ब्रह्म एवं क्षत्र 'स्तुति' एवं 'शक्ति' के अर्थ में प्रयोग किए गए हैं।[175] 'क्षत्र' शब्द क्षत्रियों के लिए प्रयुक्त हुआ है। 'ब्रह्म वै ब्राह्मणः क्षत्र राजन्यः'। राजन्य शब्द केवल पुरुष सूक्त में ही आया है।[2] अथर्ववेद में 'राजन्य' शब्द क्षत्रिय के अर्थ में प्रयुक्त हुआ है।[177] सम्भवतः राजन्य शब्द का प्रयोग क्षत्रिय वर्ण के लिए किया है तथा 'क्षत्रिय' शब्द का प्रयोग शासक वर्ग के अर्थ में है।[178] 'क्षत्र' का शक्ति के रूप में समुचित प्रयोग है क्योंकि क्षत्र ही विशेष गुण था जिसके द्वारा वह वीरभोग्या वसुन्धरा की कहावत चरितार्थ करता था। 'बलहीनाः आत्मानं न लभन्ते' बल हीन (शक्ति विहीन) अपना अधिकार नहीं प्राप्त कर सकते। जब समाज शक्ति विहीन होगा, उसकी उन्नति कैसे हो सकती है। समाज की सर्वांगीण उन्नति का मार्ग क्षत्रिय के द्वारा ही प्रशस्त्र होता था। सत्य ही है कि 'शस्त्र की आड़ में शास्त्र पनपता है।' जब तक भारतवर्ष में वर्ण व्यवस्था गुण कर्मानुसार विद्यमान रही तब तक क्षत्रिय ने शस्त्र के द्वारा ब्राह्मण वर्ग को पूर्ण संरक्षण प्रदान किया जिसका फल विभिन्न धर्म शास्त्रों की व्याख्या तथा नवीन रचना के रूप में मिलता रहा। बृहदारणयकोपनिषद में लिखा है कि ब्रह्मा जब विभूति युक्त कर्म करने में असमर्थ रहा तब उसने क्षत्र अर्थात् क्षत्रिय की रचना की।[179] ऋग्वेदानुसार क्षत्रिय की उत्पत्ति ब्रह्मा की बाहु से हुई है।[180] इसका तात्पर्य भी बाहुबल से ही है जिसके पास बाहु बल है वही तो सुरक्षित राष्ट्र का सपना देख सकता है।

ऋग्वेद में 'राजन' का अर्थ बड़ा या महान या प्रमुख है।[181] कहीं-कहीं 'राजन' का अर्थ है 'राजा'। क्षत्रिय ही राजा होता था। जब राज्याभिषेक होता था यही समझा जाता था कि एक क्षत्रिय सबका अधिपति, ब्राह्मणों एवं धर्म रक्षा करने वाला उत्पन्न किया गया है।[182] गीता में क्षत्रिय कर्तव्य इस प्रकार बताए गए हैं। 'वीरता प्रदर्शित करना, तेजोदीप्त रहना, धैर्य रखना, चतुरता दिखाना, युद्ध में निर्भीक बने रहना, दान करना, ब्राह्मणों के प्रति भक्ति भाव रखना क्षत्रियों के स्वाभाविक कर्म हैं।'[183] दीर्घ ब्रह्मचर्य से (अध्ययनम्) सांगोपांग वेदादि शास्त्रों को यथावत पढ़ना, अग्निहोत्र आदि यज्ञों का करना, सुपात्रों को विद्या सुवर्णादि और प्रजा को अभय दान देना, प्रजाओं का सब प्रकार से सर्वदा यथावत् पालन करना, विषयों में अनासक्त होके सदा जितेन्द्रिय रहना—लोभ, व्यभिचार, मद्यपानादि नशा आदि दुर्व्यसनों से पृथक

रहकर सुशीलतादि शुभ कर्मों में सदा प्रवृत्त रहना।[184] यह क्षत्रिय का धर्म माना गया है याज्ञवल्क्य स्मृति ने प्रजा का पालन करना क्षत्रिय का प्रमुख कर्तव्य बताया है।[185]

यद्यपि क्षत्रिय का प्रमुख कर्तव्य प्रजापालन युद्ध आदि ही माने गए हैं, परन्तु वेदाध्ययन में भी क्षत्रिय वर्ग पीछे नहीं रहा। शतपथ ब्राह्मण एवं उपनिषदों में कुछ ब्रह्मविद क्षत्रियों के नाम आते हैं जिनके यहाँ ब्राह्मण लोग शिष्य रूप में उपस्थित होते थे याज्ञवल्क्य ने राजा जनक[186] से, बालाकि गार्ग्य ने काशिराज अजातशत्रु से[187], श्वेतकेतु आरुणेय ने प्रवाहण जैवलि से[188] पंच ब्रह्मणों ने केकयराज अश्वपति[189] से, ज्ञान प्राप्त किया। उपरोक्त उदाहरणों से यह स्पष्ट है कि क्षत्रियों ने ब्रह्म विद्या में इतनी विशेष योग्यता प्राप्त कर ली थी कि ब्राह्मण लोग भी उनके यहाँ पहुँचते थे। भारतीय तत्वविद श्री ड्यूसेन महोदय का मत है कि क्षत्रिय लोग ब्रह्म के प्रतिष्ठापक थे।[190] इसका यह तात्पर्य कदापि स्वीकार्य नहीं है।

क्षत्रियों के धर्म, कर्तव्यादि के सम्बन्ध में महाभारत में अन्य वैदिक वांङमय की अपेक्षकृत विशद रूप से प्रकाश डाला गया है क्योंकि यह क्षत्रियों के मध्य युद्ध का महा काव्य है। महाभारत में भीष्म ने वैशम्पायन से क्षत्रियों के कर्मों का निर्देश करते हुए कहा है कि 'युद्ध से अक्षत शरीर युक्त लौटना पुराविदों ने क्षत्रियोचित कर्म नहीं माना है। इसी प्रकार क्षत्रियों का भी प्रधान रूप से यही कार्य है कि वे दस्युओं का विनाश करें इसके अतिरिक्त कर्तव्य नहीं है।[191]'

क्षत्रिय लोग विशेष रूप से चतुर्वेद तथा शस्त्र की शिक्षा ग्रहण करते थे। इन दोनों विधाओं का क्षत्रिय के साथ चोली दामन जैसा सम्बन्ध था। राजा का प्रधान कर्म प्रजा पालन, चोरों एवं दस्युओं[192] का उन्मूलन करना तथा युद्ध के लिए उद्यत रहना था।[193] बाल्मीकि रामायण, कौटिल्य अर्थशास्त्र तथा शुक्रनीति भी उपरोक्त विचारों का समर्थन करते हैं।[194]

प्रज्ञा के कृतार्थ एवं कल्याणार्थ राजा का कर्तव्य है। वह असहायों का सहायक है। दीन हीन, अनाथ बच्चों, असहाय रुग्ण, वृद्ध, विधवाओं, अन्ध, वधिर, मूक, पंगु एवं सन्यासियों का आश्रय दाता है।[195] कौटिल्य वशिष्ठ एवं मनु ने भी राजा को परामर्श दिए हैं कि वे असहायों का रक्षण और पालन करें।[196] राष्ट्र की आर्थिक उन्नति कर प्रजा के आर्थिक कष्टों को दूर करना तथा धर्म की रक्षार्थ वेद विरोधी लोगों को दण्डित करना भी राजा के कर्तव्य हैं। यद्यपि राजा का मुख्य कर्तव्य युद्ध ही माना गया है। परन्तु राजा सभी क्षेत्रों में ध्यान देता था। यथा–धार्मिक, सामाजिक, आर्थिक एवं राजनैतिक। क्षत्रिय को दान देने का अधिकार था परन्तु दान लेना सर्वथा वर्जित था।[197]

क्षत्रियों का युद्ध करना, प्रजा की रक्षा करना, दस्युओं को दण्डित करना आदि वर्ण धर्म माने हैं। क्षत्रिय वर्ण धर्म में यज्ञ करना भी एक महत्त्वपूर्ण कर्तव्य माना है।[198] यह बिना यज्ञोपवीत धारण किए नहीं किया जा सकता। अत: क्षत्रिय को ब्राह्मण की भांति षोडश संस्कारों का अधिकार है। ब्राह्मण का यज्ञोपवीत (उपनयन) गर्भाधान या जन्म से लेकर आठवें वर्ष में, क्षत्रिय का 11 वर्ष में माना है।[199] स्मृतियों, ब्राह्मण ग्रन्थों, महाभारत में क्षत्रियों को, विशेषकर राजन्य वर्ग को अश्वमेध, राजसूय, वाजपेय आदि यज्ञ करने का उपदेश दिया गया है। क्योंकि क्षत्रिय का कार्य हिंसा से परिणूर्ण है, यज्ञ से प्राणी जगत का कल्याण होता है। जिससे पाप कर्मों से उनकी शुद्धि होती है।[200] दुर्योधन[201], युधिष्ठिर[202], द्रुपद[203], प्रद्युम्न[204], मरुत[205], शर्याति[206] आदि राजाओं ने विविध प्रकार के यज्ञ कराए थे। राजा दशरथ ने भी पुण्य प्राप्ति के लिए अश्वमेध किया था। परन्तु बौद्ध धर्म के प्रभाव तथा यज्ञों में अनावश्यक हिंसा तथा आडम्बर के कारण यज्ञ की परिपाटी लगभग 500 वर्षों तक शिथिल-सी पड़ गई थीं। परन्तु सेनापति पुष्यमित्र शुंग ने दो अश्वमेध यज्ञ कराकर इसे पुनर्जीवित किया था।[207]

3. वैश्य

'विश प्रवेशने' धातु नुदादिगणीय प्रवेशार्थक परस्मैवदी है। उस विश् धातु से कर्ता को बताने को बताने के लिए क्विध प्रत्यय करने पर विद शब्द बनता है।[208]

'विशन्ति वाणिज्यार्थ सर्वत प्रवेश लभते इति विश:, तस्या अपत्य वैश्य:' इस व्युत्पत्ति के अनुसार 'विट्' शब्द से अपत्य अर्थ में यण् (ण्य) प्रत्यय होता है तो वैश्य शब्द निष्पन्न होता है। सर्वतंद्ध सिद्धान्त यथार्थ लक्षण संग्रह में वैश्य के दो लक्षण बताए गए हैं–'वैश्य' या 'वैश्यादुत्पन्न' तथा कृषि गोरक्ष वाणिज्यादि स्वाविक कर्म संपन्न।

'वैश्य' शब्द ऋग्वेद के केवल पुरुष सूक्त में ही आया है किन्तु 'विश' शब्द कई बार प्रयुक्त हुआ है। 'विश' का अर्थ है जनता, प्रजा 'जन दल' (सर्वसाधारण)[209] ऋग्वेद में आया है कि 'इन्द्र तुम मानवीय झुण्डों एवं दैवी झुण्डों के नेता हो।'[210] 'विश' शब्द ऋग्वेद की सभी स्तुतियों में 'वैश्य' का बोधक नहीं, प्रत्युत 'जन' या आर्य जन का द्योतक है। ऐतरेय ब्राह्मण 'विश' का अर्थ 'राष्ट्रिणी' (देश) से लेता है।[211] अत: आर्यों का आर्थिक उत्पादन करने वाले वर्ग को 'विश' कहते थे।[212] महाभाष्य में 'वैश्य' 'रयि' या सम्पत्ति के उत्पादक कहे गए हैं।[213] तैत्तिरीय ब्राह्मण में आया है कि वैश्य ऋक-मन्त्रों से उत्पन्न हुए हैं।[214]

वैश्य के कर्तव्य

गौतम,[215] कौटिल्य,[216] मनु,[217] एवं महाभारत में वैश्य के निम्न कर्तव्य माने हैं। कृषि, पशुपालन और वाणिज्य वैश्यों के वर्ण धर्म माने गए हैं। गीता,[218] याज्ञवल्क्य स्मृति[219] तथा शुक्रनीति[220] में खेती, गो सेवा, सत्यता पूर्वक क्रय विक्रय अर्थात ईमानदारी के साथ व्यापार वैश्यों के स्वाभाविक-कर्म निर्धारित हैं। ब्राह्मण समाज का मस्तिष्क था। क्षत्रिय उसकी भुजाएँ तथा वैश्यगण आर्थिक आधार प्रदान करने वाले थे। व्यापार इनके हाथ में ही था। व्यापार में स्वर्ण है। स्वर्ण का रंग पीला होने के कारण वैश्य का रंग भी पीला माना गया है। धन की अधिकता के कारण इन्हें बाल्मीकि रामायण में 'महाच्यता:' (अत्यधिक धनी) कहा गया है।[221]

अध्ययन करना, दान देना तथा यज्ञ करना भी वैश्य के कर्तव्य माने गए हैं। वैश्य को यज्ञोपवीत का अधिकारी माना है। यज्ञोपवीत का अधिकार होने के कारण वैश्य को द्विज में माना गया है। वैश्य के लिए यज्ञोपवीत की आयु 12 वर्ष मानी गई है।[222] परन्तु अध्ययन का अधिकारी होने पर भी वैश्यों में विद्वत्ता की परम्परा का अभाव ही प्रतीत होता है। बौधायन धर्म सूत्र का मत है कि कृषि तथा वेदाध्ययन परस्पर विरोधी हैं। एक साथ नहीं चल सकते।[223]

ऐतरेय ब्राह्मण में यह आया है कि वैश्य अन्य लोगों का भोजन है और कर देने वाला है।[224] वैश्य पर ही सम्पूर्ण राष्ट्र की आर्थिक उन्नति निर्भर है। आर्थिक उत्पादन में कमी आने से राज्यकोष में भी कमी होगी। जिससे राज्य के लोकहित के कार्यों में बाधा उत्पन्न हो जाएगी। इसी कारण से वैश्य को सन्यास ग्रहण करने का निषेध किया है।[225]

4. शूद्र

शुच धातु से 'शुचेर्दश्च' इस उणादि गणीय सूत्र से रक् प्रत्यय तथा शुच के चकार का दकार और उपधा के दीर्घ करने पर 'शूद्र' शब्द निष्पन्न होता है। 'शुच्यते इति शूद्र:।'

सर्वतंत्र सिद्धान्त पदार्थ लक्षण संग्रह में शूद्र के दो प्रमुख लक्षण बताए गए हैं 'शूद्रश्चतुर्थवर्ण: तथा परिचर्यादि स्वाभाविक कर्म संपन्न:।'[226]

सर्वप्रथम शूद्र शब्द ऋग्वेद के पुरुष सूक्त में मिलता है।[227] पुरुष सूक्त में शूद्र की उत्पत्ति ब्रह्म के पैर से मानी गई है। उत्पत्ति के इस सिद्धान्त के अनुसार शूद्र को अवैदिक अथवा अनार्य कहना कदापि उचित नहीं है।

वैश्य की उत्पत्ति जंघा से तथा क्षत्रिय की उत्पत्ति बाहु से मानी गई है। ये सब वर्ण उस परमपिता के एक शरीर से उत्पन्न हुए हैं। क्या उसके पैर तथा हाथ

में भी कोई उच्च नीच का अन्तर है अथवा उसके हाथ अपने तो पैर किसी निम्न श्रेणी के देवता से प्राप्त हुए हैं। पाश्चात्य विद्वानों का यह मत है कि आर्यों ने जिन आदिवासियों को युद्ध में पराधीन बना लिया था उन्हें समाज में शूद्र का स्थान दिया गया। सर्वप्रथम तो यह मत मुझे कदापि मान्य नहीं कि आर्य भारत में मध्य एशिया से आए। आर्य भारत में मूल निवासी थे। उनके द्वारा किसी आदिवासी को हराकर शूद्र के रूप में स्वीकार करने का कोई प्रश्न ही नहीं जबकि गीता[228] स्पष्ट रूप में चारों वर्णों की उत्पत्ति गुण कर्म के आधार पर मानती है। अतः शूद्र का भी समाज में वैसा ही महत्त्वपूर्ण स्थान है जैसा ब्राह्मण का। जिस प्रकार ब्राह्मण के बिना समाज का चलना कठिन है इसी प्रकार शूद्र के बिना भी।

मनु जी महाराज ने भी चार वर्णों का अस्तित्व स्वीकार करते हुए कहा है 'नास्ति तु पंञ्चमः' पांचवाँ वर्ण कोई नहीं है।[229]

वर्ण शब्द का अर्थ त्वचा का रंग मानना भी एक परिकल्पना मात्र है। वर्ण का उचित अर्थ 'चुनना' है। 'वर्ण' का अर्थ त्वचा के रंग में स्वीकार करने पर हमें एक ओर अस्वीकार्य मत को स्वीकार करने के लिए बाध्य होना पड़ता है। वैदिक काल में पंजाब श्वेत (इन्डो यूरोपीयन) लाल (अमेरिकन आदिवासी), पीला (मंगोलियन)तथा काला (नीग्रो जाति) ये चार रंगों वाली जातियाँ निवास करती थीं। एक प्रश्न स्वाभाविक ही उठता है कि ब्राह्मण श्वेत त्वचा वाली इण्डो-यूरोपीयन जाति से, और शूद्र काले नीग्रो जाति से उत्पन्न मान लिया जाता है। तब रक्त वर्ण क्षत्रिय तथा पीत वर्ण वैश्य किस जाति से उत्पन्न माना जाए। अतः यह मत एकदम मूर्खता पूर्ण है। वैदिक वांङ्मय में इसका एक दम तर्कपूर्ण स्पष्टीकरण दिया गया है कि पुरोहित या ब्राह्मण को श्वेत वर्ण उसके धार्मिक कृत्यों के कारण दिया गया है क्योंकि श्वेत रंग शुद्धता का प्रतीक माना जाता है। रक्त वर्ण शौर्य एवं तेज का प्रतीक होने के कारण क्षत्रिय को रक्त वर्ण का कहा गया है, क्योंकि क्षत्रिय का मुख्य कार्य युद्ध करना है। पीत वर्ण को वैश्य से इसी कारण सम्बन्धित माना है कि उसका कार्य वाणिज्य के द्वारा धनार्जन करना है। स्वर्ण वैदिक काल में सबसे बहुमूल्य वस्तु समझी जाती थी। वैश्य वर्ग पर स्वर्ण की अधिकता के कारण उसे पीत वर्ण से जोड़ा गया है। जो व्यक्ति समाज में उपरोक्त कार्य में अक्षम थे उनके लिए उपरोक्त तीनों वर्णों की सेवा करना अर्थात् उनके जीवन में सहयोग करना था। सेवा में व्यक्ति उतना स्वच्छ नहीं रह सकता जितना वाणिज्य, पौरोहित्य तथा क्षत्रिय कार्य में रह सकता है। सेवा में व्यस्त रहने के कारण व्यक्ति के वस्त्रादि पर धब्बे पड़ जाने स्वाभाविक हैं। इसी कारण से काला रंग शूद्र से सम्बन्धित माना गया है। रंग का सम्बन्ध किसी जातिय विशेषता अथवा ऊँच नीच का द्योतक कदापि नहीं

है। यदि जातीय रंग के आधार पर व्यक्ति को सम्मान देना वैदिक परम्परा होता तो श्री रामचन्द्र जी महाराज तो श्याम वर्ण थे उन्हें क्षत्रिय के स्थान पर शूद्र माना जाना चाहिए। इसी प्रकार श्रीकृष्ण जी भी श्याम वर्ण थे। अतः वर्ण शब्द का तात्पर्य रंग से नहीं बल्कि व्यवसाय चुनने से है। अतः इस मूर्खता पूर्ण आधार पर शूद्रों को न तो हम दास या दस्यु अथवा नीग्रो ही कह सकते। शूद्र भी आर्य जाति में वैसे ही सम्मानित अंग हैं जैसे ब्राह्मण तथा अन्य। ऋग्वेद में पुरुष सूक्त में स्पष्ट रूप से शूद्रों को समाज का (इनटिग्रल पार्ट) अभिन्न अंग माना है।

डॉ. भीमराव अम्बेडकर साहब ने शूद्रों की उत्पत्ति के सम्बन्ध में निम्न मत व्यक्त किया है। 'क्षत्रियों का ब्राह्मणों के साथ लम्बे समय तक संघर्ष चलते रहने के कारण जिन क्षत्रियों को उपनयन (यज्ञोपवीत) के अधिकार से वंचित कर दिया था, वे शूद्र कहलाए।'[230] मात्र परशुराम और विश्वामित्र की घटनाओं को छोड़कर, क्षत्रिय तथा ब्राह्मण वर्ण के परस्पर संघर्ष का कोई अन्य उदाहरण वैदिक वांङमय में उपलब्ध नहीं है। अतः डॉ. अम्बेडकर का उपरोक्त मत भी तर्कपूर्ण नहीं प्रतीत होता है।

शूद्र के कर्तव्य

वैदिक वाङमयानुसारेण शूद्र के कर्तव्य द्विजातियों की सेवा करना है।[231] शूद्र की उत्पत्ति पुरुष सूक्त में पैर से मानी गई है। अतः पैर का कार्य सम्पूर्ण शरीर को लेकर चलना तथा आज्ञा मानना है। इसी सन्दर्भ में शूद्र के कर्तव्यों पर मनुस्मृति में इस प्रकार से प्रकाश डाला गया है कि 'प्रभुः (परमेश्वर ने (शूद्रस्य)जो विद्याहीन–जिसको पढ़ने से भी विद्या न आ सके, शरीर से पुष्ठ, सेवा में कुशल हो, उस शूद्र के लिए (ऐतेषामेव वर्णानाम) इन ब्राह्मण, क्षत्रिय, वैश्य तीन वर्णों की (अवसूयया) निन्दा से रहित प्रीति से (शुश्रूषाम) सेवा करना (एकमेव कर्म) यही एक कर्म, (समादिशत्) करने की आज्ञा दी है।[232] गीता[233] में सभी वर्णों की सेवा करना शूद्र स्वभाविक कर्म बताया गया है। इसी प्रकार से वाल्मीकि रामायण में भी ब्राह्मण–क्षत्रिय एवं वैश्य की सेवा शूद्र का कर्तव्य तथा धर्म बताया है।[234] देवल ने लिखा है कि शूद्र द्विजातियों की सेवा करे तथा कृषि, पशुपालन, भार-वहन, क्रय विक्रय (पत्र-व्यवहार या रोजगारी या सामान का क्रय-विक्रय) चित्रकारी, वृति, संगीत, वेणु वीणा, ढोलक, मृदंग आदि वाद्य यन्त्र वादन का कार्य करें।[235] शूद्रों द्वारा त्रिवर्णों की सेवा को उनके लिए फलदायी बताया गया है। उससे वह सभी पापों से मुक्त होकर स्वर्ग में जाता है।[236] मनुस्मृति का भी यही मत है कि शूद्र को धर्म करने की आवश्यकता नहीं बल्कि तीनो वर्णों के सेवा मात्र से ही वह धर्मनिष्ठ बन

जाता है। आचार्य शुक्र ने दान करना, सेवा करना चौका बर्तन साफ करना शूद्रों के प्रमुख कर्म निर्धारित किए हैं।[237] शिवपुराण के सदाचार प्रकरण में द्विज की सेवा करना शूद्र का कर्तव्य बताया है।[238] द्विज की सेवा वृत्ति ही शूद्रों की जीविका का साधन थी फिर भी व्यक्तिगत गुणों के कारण अनेक शूद्र अत्यन्त धनाढ्य बनकर यशोपार्जन करते थे।[239] कौटिल्य का विचार है कि त्रिवर्णों की सेवा के साथ–साथ विभिन्न प्रकार के उद्योग–धन्धे, कृषि, पशु पालन तथा व्यापार करना भी उनका धर्म है।[240] शूद्रों को अपनी जीविकोपार्जन के लिए विभिन्न उद्योग–धन्धे करने की स्वतन्त्रता थी। जहाँ सम्पूर्ण साहित्य में शूद्रों को द्विज मात्र की सेवा करना उनका अधिकार बताया है, वहीं द्विजों को भी आदिष्ट किया है कि वे अपनी सेवा करने वाले का उदर पोषण आदि उचित प्रकार से करें,[241] ताकि उनकी सेवा भली प्रकार कर सके। द्विज सेवा के बदले में शूद्रों के योग क्षेम की पूरी चिन्ता करता था। उसे अपना आवश्यक अंग समझकर चलता था।

उपरोक्त सामान्य कर्तव्यों के अतिरिक्त धर्मशास्त्रों में कुछ आपातकाल के कर्तव्य भी बताए गए हैं। नारद स्मृति के अनुसार आपत्तकाल में शूद्र लोग क्षत्रिय एवं वैश्यों का कार्य कर सकते थे।[242] विपत्तिग्रस्त शूद्र को विभिन्न शिल्पों को अपनाना चाहिए[243] आपत्तकाल में शूद्र शस्त्र भी धारण कर सकता है।[244]

शूद्रों की अयोग्यताएँ–

(1) शूद्र को वेदाध्ययन का अधिकार नहीं था। शूद्रों के वेदाध्ययन करने तक का निषेध था।[245]

(2) केवल आचार्य बादरि ने शूद्रों को वैदिक यज्ञों के योग्य माना है[246] यह मत आश्चर्य एवं अपवाद रूप में ही लिया जाता है। अन्यथा सभी धर्मग्रन्थों में शूद्रों को यज्ञों में भाग लेना सर्वथा वर्जित है।[247]

(3) शूद्रों को केवल गर्भाधान, पुंसवन, सीमान्तोन्नयन, जात कर्म, नामकरण, निष्क्रमण, अन्नप्राशन, चौल, कर्णभेदन या धर्मे द्द एवं विवाह के अतिरिक्त उपनयन, वेदारम्भ आदि शेष संस्कारों का अधिकार नहीं था। उपरोक्त संस्कार भी बिना मन्त्रोच्चारण के ही किये जाते थे।[248]

(4) शूद्र चारों आश्रमों में केवल गृहस्थाश्रम में ही प्रवेश कर सकता था।[249]

(5) शूद्र न तो न्यायाधीश हो सकता था और न धर्म का उद्घोष ही कर सकता था।[250]

(6) कुछ अपराधों में अन्य वर्णों की अपेक्षाकृत ज्यादा दण्ड दिया जाता था।

(7) शूद्र केवल गृहस्थाश्रम ही ग्रहण कर सकता था।

(8) शूद्र जीवन क्षुद्र समझा जाता था। याज्ञवल्क्य तथा मनुस्मृतियों में प्रायश्चित एवं दान की व्यवस्था से स्पष्ट हो जाता है कि शूद्र का जीवन नगण्य सा था।[251]

सन्दर्भ

1. ''उणादि प्रत्ययान्ताः शब्दाः पाणिनिमते व्युत्पन्नाएव'', अथोणादयः ॥25 ॥ व्याकरण सिद्धांत कौमुदी, पृ० 5721।
2. भारतीय समाज का स्वरूप डॉ. सीताराम झा श्याम) पृ. 3 प्रथम संस्करण बिहार हिन्दी ग्रंथ अकादमी)
3. उणादि प्रकरणम् (वैयाकरण सिद्धांत कौमुदी, भट्टोण्दिीक्षित विरचित पाणिनीय व्याकरण सूत्र वृति, पृ. 312 वाराणसी 1937 ई.)
4. 7.3.84 काशिका, पृ. 671 चौखंबा संस्करण 1952।
5. 8.4.1 काशिका, पृ. 760 चौखंबा संस्करण 1952।
6. गौरी शंकर भिक्षु द्वारा संपादित, भार्गव भूषण प्रेस, वाराणसी सं. 2006।
7. पृष्ठ भाग, पृ. 4850।
8. डॉ. रवीन्द्रनाथ मुखर्जी, भारतीय सामाजिक संस्थाएँ, पृ. 35।
9. ऋग्वेद, 1/73/7, 2/3/5, 9/97/15, 9/104/4, 9/105/4, 10/124/7।
10. ऋग्वेद, यो दास वर्ण धर कः (2/3/5)ह मौ वर्णावृषिरुग्रः पुयोष (1/179/6)।
11. तैत्तिरीय ब्राह्मण, 1/2/6।
12. कास्ट इन इण्डिया, पृ. 153।
13. कास्ट इण्ड क्लास इन इण्डिया, पृ. 46।
14. कास्ट इन इण्डिया, पृ. 64।
15. अर्ली हिस्ट्री ऑफ इण्डिया–स्मिथ।
16. कैम्ब्रिज हिस्ट्री ऑफ इण्डिया।
17. ऋग्वेदिक आर्य, पृ. 29–30।
18. चातुवर्ण मया सृष्टं गुणकर्म विभागशः गीता।
19. जनरल एन्थ्रोपालॉजी, पृ. 43, जैकब्स एण्ड स्टर्न।
20. द डिसेण्ट ऑफ मैन, पृ. 220।
21. भारतीय समाज का स्वरूप, डॉ. सीताराम झा 'श्याम' बिहार हिन्दी ग्रंथ अकादमी, पटना।
22. श्री शिवस्वरूप सहाय, हिन्दू सामाजिक संस्थाएँ, पृ. 28।
23. धर्मशास्त्र का इतिहास, प्रथम भाग, पृ. 110।
24. भारतीय समाज का स्वरूप, शिवस्वरूप सहाय, पृ. 28।

25. ऋग्वेद 10/90/12।
26. सत्यार्थ प्रकाश, स्वामी दयानन्द सरस्वती चतुर्थ समुल्लास, पृ. 60
27. जिम्भर, दत्त एन.के., औरीजन एण्ड ग्रोथ ऑफ कास्ट इन इंडिया भाग। पृ. 3, मैक्समूलर, संस्कृत लिटरेचर, पृ. 570, वेवर इन्दिश्शे स्तूदियन, 9.3. कोल्बुक एसेज। 309, आर्नल्ड, वैविक सीटर, 168।
28. ऋग्वेद 10/90।
29. अथर्ववेद।
30. पी.वी. काणे, धर्मशास्त्र का इतिहास प्रथम भाग, पृ. 110।
31. ऋग्वेद 315/59/8, 10/53/4 तैत्तिरीय संहिता 415/412।
32. बृहदारण्यक उपनिषद 1,4, 11-15।
33. इन दिस अनआर्थोडोक्स थीयरी, वी.हैव दी ओरीजन ऑफ अर्थली कास्ट सिस्टम आन दी पेटरन ऑफ ए हवनली कास्ट सिस्टम आलमोस्ट इन दी मेनर इन विह्चं दी एक्टाइपस इन प्लेटो'स थीयरी ऑफ आइडीयाज आर मेयरली रिपलीकास ऑफ दी आरची टाइम्स, 'प्रो. रानाडे ए.'
34. ऋग्वेद 10/90/12।
35. कर्ण पर्व 23/43, शान्ति पर्व 73/4-5, 181/4, 318/89-90 बाल्मीकि रामायण 3/14/30,महाभाषय 5/1/115,पृ. 347 तथा 2/2/34, प1. 341।
36. सत्यार्थ प्रकाश, चतुर्थ समुल्लास पंचदश संस्करण, आर्ष साहित्य प्रचार ट्रस्ट, पृ. 60।
37. शान्ति पर्व 181/5 जनरल ऑफ दि एशियेटिक ओरियन्टल सोसाइटी भाग 13, पृ. 74।
38. महाभारत शांति पर्व 199.9।
39. ऋग्वेद, 1, 104, 2।
40. शतपथ ब्राह्मण 5, 5, 4, 9, 6, 4, 4, 13।
41. शतपथ ब्राह्मण 14, 4, 2, 23।
42. शतपथ ब्राह्मण 3, 1, 1, 9।
43. शतपथ ब्राह्मण 11, 2, 7, 16, 4, 4, 13।
44. ब्राह्मणान हैड फाइनली एस्टेब्लिश्ड देअर क्लेम्स टु द हाइएस्ट रैंक इन द बॉडी पौलिटिक (एगलिंग द शतपथ ब्राह्मण, भाग 1 इन्ट्रोडक्शन, प1. 12)।
45. शतपथ ब्राह्मण 5, 4, 2, 7।
46. शतपथ ब्राह्मण एक सांस्कृतिक अध्ययन, डॉ. उर्मिला देवी, पृ. 161।
47. ऐतरेय आरण्यक, एक समालोचनात्मक अध्ययन, डॉ. सुमन शास्त्री, पृ. 104।
48. ऐतरेय आरण्यक 3.1.3., मनुस्मृति 2.127।
49. ऐतरेय आरण्यक, 1.1.1।

50. मनुस्मृति।
51. मनुस्मृति, 2.4।
52. मनुस्मृति 2/13।
53. मनुस्मृति 1.31।
54. मनुस्मृति 1.21।
55. मनुस्मृति 12/24, 28.31।
56. गीता 4/13।
57. भगवद्गीता एज इट इज ए.सी. भक्ति वेदान्त स्वामी प्रभु पाद (अ. 4/13, पृ. 255)
58. गीता 2/31, 3/35, 18/47।
59. गीता 2/47।
60. विष्णु पुराण, 1.12.63–64
61. कूर्म पुराण, 1.2.24/ मत्स्य पुराण 4.28
62. मार्कण्डेय पुराण, 25.4–37, भविष्य पुराण 1.42.1–44.33, वामन पुराण 14.4–15.67, विष्णु पुराण 3.8.1–13.40, हरिवंश—24.1–5 आदि।
63. कूर्म पुराण, 2.26, 28।
64. दीर्घ निकाय, उपाथिक वग्ग, 27–4 आगम्य सूत्र, पृ. 244–245।
65. छान्दोग्य उपनिषद 5.10.7
66. स्कन्द पुराण, नागर खण्ड, 239.31, मनुस्मृति 2.178 इन्दिरा रमण, मानव धर्मशास्त्र पृ. 112
67. वशिष्ठ स्मृति, 20 स्मृतियाँ पहला खण्ड पृ. 255–257।
68. महाभारत शान्ति पर्व 12/280/34।
69. वशिष्ठ स्मृति 20 स्मृतियाँ खण्ड। पृ. 251।
70. वशिष्ठ स्मृति, 20 स्मृतियाँ पहला खण्ड, पृ. 257।
71. गीता 4.3।
72. गीता 14.5।
73. मनुस्मृतिया 12/26।
74. मनुस्मृति 12/31, 27, 29।
75. गीता 14.6–9, 14.16।
76. विष्णु पुराण 1.6.4.5।
77. महाभारत शान्तिपर्व 188–9।
78. महाभारत शांतिपर्व मोक्ष धर्म पर्व 188/11–12–13।
79. शुक्रनीति 1/75–76।
80. बाल्मीकि रामायण 1/24/15।

81. बाल्मीकि युगीन भारत, डॉ. मुजुला जायसवाल, पृ. 109।
82. बाल्मीकि रामायण 4/4/6।
83. भारतीय समाज का स्वरूप, डॉ. सीताराम झा, पृ. 9।
84. सत्यार्थ प्रकाश चतुर्थ समुल्लास, पृ. 58, आर्य साहित्य प्रचार ट्रस्ट प्रकाशन पंचदश संस्करण।
85. ऋग्वेदादि भाष्य भूमिका, स्वामी दयानन्द सरस्वती पृ. 233–237।
86. इस्टर्न रिलीजनस एण्ड वैस्टर्न थाट डॉ. राधाकृष्णन।
87. पी.एन.प्रभु, हिन्दू सोशल आर्गनाइजेशन, पृ. 284, चतुर्थ संस्करण। 963।
88. भारतीय सामाजिक संस्थाएँ, रवीन्द्रनाथ मुखर्जी, पृ. 42।
89. धर्मशास्त्र का इतिहास, डॉ. पी.वी. काणे, प्रथम भाग, पृ. 110।
90. कास्ट एण्ड क्लास इन इण्डिया, डॉ.धुर्ये, पृ. 46।
91. कास्ट इन इण्डिया हट्टन, पृ. 64।
92. कास्ट इन इण्डिया सेनार्त, पृ. 153।
93. कैम्ब्रिज हिस्ट्री ऑफ इण्डिया, डॉ. रैप्शन।
94. ऋग्वेदिक आर्य, पृ. 29–50।
95. हिन्दू सामाजिक, संस्थाएँ, शिवस्वरूप सहाय, पृ. 34।
96. शतपथ ब्राह्मण—एक सांस्कृतिक अध्ययन, डॉ. उर्मिलादेवी शर्मा, पृ. 161।
97. बृहदारण्मक, 1/4/11–15।
98. ए कंस्ट्रक्टिव सर्वे ऑफ उपनिषदिक फिलासफी, पृ. 60।
99. ऐतरेय ब्राह्मण 1/2/3, 6/4/4, 8/37/4, 7/4/5/6, शतपथ ब्राह्मण 14/4/2/3, 1/1/4, 14/4/2/26।
100. मदनमोहन सिंह, बुद्ध कालीन समाज और धर्म, पृ. 16।
101. भीष्म पर्व 25/10, शान्ति पर्व 73/4–5, 181/4, 285/7, 318/8–90।
101क. ऋग्वेद, 4/50/8
101ख. तैत्तरीय संहिता संहिता, 1.7.3.1 ।
102. शतपथ ब्राह्मण, 5/4/6/9।
102 क. भारतीय समाज का स्वरूप, डॉ. सीताराम झा, पृ. 11।
103. शांतिपर्व, 63/7।
104. अदिष्पर्व, 28/3/4।
105. विष्णु धर्म सूत्र, 13/20–22।
106. भविष्य पुराण भाग, पृ. 242, अग्नि पुराण अध्याय 165 कल्याण गर्ग संहिता अंक पृ. 285।
107. रामचरितमानस, सुन्दर काण्ड, पृ. 844।
108. ऋग्वेदिक आर्य, पृ. 39।

109. रामशरण शर्मा, इकोनोमिक आस्पेक्टस ऑफ दि कास्ट अ येर रंग स्वामी—सम आस्पेक्टस ऑफ दि हिन्दुविध। इन एन्यायंद इण्डिया, पृ. 1–4। आफ लाइफ, पृ. 96।
110. भारतीय समाज का स्वरूप, डॉ. सीताराम झा, पृ. 14
111. सर्वतंत्र सिद्धान्त लक्षण संग्रह, पृ. 149।
112. अमरकोष नानार्थ वर्ग—श्लोक 115।
113. ऋग्वेद 1/164/45, 6/75/10, 7/103/7–8; 10/71/9 आदि।
114. धूर्ये, जी. एस., कास्ट एण्ड क्लास इन इण्डिया, पृ. 44।
115. ऋग्वेद, 10/14/5।
116. अथर्ववेद, 2/15/4।
117. पी.वी. काणे धर्मशास्त्र का इतिहास प्रथम भाग, पृ. 111।
118. अत्रि 373383।
119. वैश्वान सगृह्म 1/1, देवल के श्लोक दान रत्नाकर में भी उद्धृत है।
120. ऐतरेय ब्राह्मण 3/5।
121. अनुशासन पर्व 33/11।
122. मनुस्मृति, 10/75–76। बाल्मीकि रामायण, 2/29/18, 2/30/4–9, 2/31/1।
123. गौतम धर्मसूत्र 10/1–3, 7, 50, आपस्तम्ब धर्मसूत्र 2/5, 10/5–8 बौधायन धर्म सूत्र 1/10/2–5 वसिष्ठ 2/13–19, मनुस्मृति 1/88, 10/76–77, याज्ञवल्क्य 1/118–119, विष्णु 2/10, अत्रि 13–15।
124. पतंजलि महाभाष्य भाग–2, पृ. 15।
125. महाभारत, शान्ति पर्व राज धर्मानुशासन पर्व 60/9।
126. मनुस्मृति 4/147।
127. याज्ञ्वल्क्य, 1/198।
128. भविष्य पुराण भाग 1, पृ. 248, हारीत स्मृति 20 स्मृतियाँ भाग 2, पृ. 290।
129. गीता, 18/42।
130. श्रीमद्‌भागवत 7.11.21।
131. छान्दोग्योपनिषद 2/10/2।
132. बृहदारण्यकोपनिषद, 1/4/11।
133. बृहदारण्यकोपनिषद, 4/4/22।
134. बृहदारण्यकोपनिषद, 3/5/1।
135. शतपथ ब्राह्मण, 11, 4,1,2।
136. शतपथ ब्राह्मण, 4, 3, 4, 4, 2, 2, 2, 6।
137. शतपथ ब्राह्मण, 4, 3, 4, 19।
138. शतपथ 1, 7, 2, 3।

139. शतपथ ब्राह्मण 11, 1, 7, 32 शिवपुराण भाग 2, पृ. 439।
140. शतपथ ब्राह्मण 12, 7, 2, 2।
141. महाभारत उद्योग, 29/2/ अनुशासन 129/8, कौटिल्य अर्थशास्त्र 1/2।
142. महर्षि दयानन्द सरस्वती, आर्य का नियम।
143. कर्ण पर्व 23/24 आरण्यक 149/35–37।
144. अनुशासन, 94/18।
145. मनु. 2/165–66, 68, वसिष्ठ स्मृति 20 स्मृतियाँ, प्रथम भाग, पृ. 257।
146. हारीत स्मृति 20 स्मृतियाँ दूसरा भाग, पृ. 290।
147. आरण्यक 183/2–7
148. आरण्यक 96।
149. मनुस्मृति 4/186, अनुशासन पर्व 35/23, नि० अयर रंग स्वामी–सम आस्पेक्टस ऑफ दि हिन्दु ऑफ लाइफ एकोरडिंग टू धर्मशास्त्र, पृ. 167–108।
150. याज्ञवल्क्य स्मृति, 1/128, मनु 10/112।
151. मनु. 415।
152. शान्ति पर्व 139/39
153. अनुशासन पर्व 94/31।
154. अनुशासन पर्व 94/31।
155. गौतम 9/63, याज्ञवल्क्य स्मृति 1/10, 1/130 वशिष्ठ धर्मसूत्र 12/2 मनु 4/33।
156. गौतम धर्मसूत्र 6/6–7।
157. बौधायन 2/2/77–78, वशिष्ठ 2/22, मनु 10/81–82, याज्ञवल्क्य 3/35, नारद, नृणादान 56, विष्णु 54/28/7।
158. मनु 8/348–349।
159. शल्य पर्व 64/42।
160. शान्ति पर्व 78/18।
161. मनुस्मृति 10/116।
162. आपस्तम्भ धर्मसूत्र 1/1/5, मनुस्मृति 1/31, 90, 1/93, 10/3।
163. तैत्तिरीय संहिता 17/11, मनु 7/11, शतपथ ब्राह्मण 4/3/4/4।
164. वशिष्ठ 1/30–41, मनु 7/37, 10/2, काठक संहिता 9/16, तैत्तिरीय ब्राह्मण, ऐतरेय ब्राह्मण 3715।
165. राव, भीवशंकर ''दि इवोल्यूशन ऑफ ब्राह्मणनिकल हेरारकी इन एन्सियन्ट इण्डिया, जनरल ऑफ दि आन्ध्र हिस्टोरिकल रिसर्च सोसायटी'' भाग 1, अंक 3, पृ. 5–15।
166. आदिपर्व 76/23–24, मनुस्मृति 4/135–36।
167. गौतम धर्मसूत्र 11/1।

168. अनुशासन पर्व, 136/19।
169. शर्मा रामशरण, सम इकोनौमिक आस्पेक्टस ऑफ दि कास्ट सिस्टम इन इण्डिया, पृ. 4-9।
170. शतपथ ब्राह्मण 13/6/2/18, आपस्तम्ब धर्मसूत्र 2/10/26/10, वशिष्ठ धर्मसूत्र, 19/23, मनु 7/133।
171. धर्मशास्त्र का इतिहास प्रथम भाग, 159।
172. तैत्तिरीय संहिता 6/10/1-2, गौतम धर्मसूत्र 22/20-22
173. भारतीय समाज का स्वरूप, डॉ. सीताराम झा, पृ. 19।
174. सर्वतंत्र सिद्धान्त लक्षण संग्रह, पृ. 75।
175. ऋग्वेद 8/35, 16/18, 1/15/7/2।
176. ऋग्वेद 4/2/3, तैत्तिरीय ब्राह्मण 3/9/14।
177. अथर्ववेद, 5/17/9।
178. शतपथ ब्राह्मण 1,1,4,12।
179. बृहदारण्यकोपनिषद, 1/4/11।
180. ऋग्वेद 10/90/12।
181. ऋग्वेद 10/42/10, 10/97/6।
182. ऐतरेय ब्राह्मण 38, 39/3
183. गीता, 18/43।
184. मनुस्मृति, 1/89।
185. याज्ञवल्क्य स्मृति, 20 स्मृतियाँ भाग 2, पृ. 25।
186. शतपथ ब्राह्मण, 6/21/5।
187. बृहदारण्यक एवं कौशितकी उपनिषद, 211, 4।
188. छान्दोग्योपनिषद, 5/3।
189. छान्दोग्योपनिषद, 5/2।
190. श्री ड्यूसेन, 'डास सिस्टेम डेस वेदान्त', सन् 1883, पृ. 18-19।
191. शान्तिपर्व, राजधर्मानुशासन पर्व, 60/16-17।
192. उद्योग पर्व 130/29, आरण्यक 28/34, 192/8-11।
193. शान्तिपर्व 60/13-14
194. बाल्मीकि रामायण बालकाण्ड 56/13-14, कौटिल्य अर्थशास्त्र 1/2 शुक्रनीति राष्ट्र प्रकरण 4/17।
195. सभा पर्व, 5/113,आरण्यक 284/37-38 शान्ति 87/24, 92/34, अनुशासन, 185/52।
196. कौटिल्य अर्थशास्त्र 3/20, वशिष्ठ धर्मसूत्र, 19/35-36, मनु 8/394-396।
197. शान्ति पर्व, 60/13-14

198. शान्ति पर्व, 60/13-14
199. आश्वलायन गृह्य सूत्र, 1/19/1-6।
200. अनुशासन पर्व, 60/4, शान्ति पर्व, 98/35।
201. आरण्यक पर्व अध्याय, 242।
202. आश्वभेधिक पर्व, अध्याय 88।
203. आदि पर्व 138/6, 174/9।
204. उद्योग, 6/17-18।
205. आश्वभेधिक पर्व अध्याय 10।
206. आश्वभेधिक, 9/31।
207. डी.पी.सरकार, सपेक्टेड इन्स्क्रिप्शन, पृ. 95।
208. भारतीय समाज का स्वरूप, डॉ. सीताराम झा, पृ. 20।
209. पी.वी. काणे, धर्मशास्त्र का इतिहास, प्रथम भाग।
210. ॠग्वेद, 3/34/2।
211. ऐतरेय ब्राह्मण 1/26।
212. ॠग्वेद 4/28/4, 6/25/2, 3/5/3, 3/6/3, 3/11/15।
213. महाभाष्य 8-2-15।
214. तैत्तिरीय ब्राह्मण 3/12/9।
215. गौतम धर्मसूत्र, 10/1/3।
216. कौटिल्य अर्थशास्त्र, 1/2।
217. मनुस्मृति, 1/90।
218. गीता 18/44।
219. याज्ञवल्क्य स्मृति, 20 स्मृतियाँ भाग 2, पृ. 25।
220. शुक्रनीति, राष्ट्र प्रक्रण, 4/17।
221. वाल्मीकि रामायण, 1/32/3।
222. आश्वलायन गृह्य सूत्र, 1/19/1-6।
223. बौधायन, धर्मसूत्र, 1/5/101
224. ऐतरेय ब्राह्मण, 35/5।
225. शान्ति पर्व, 63/23।
226. सर्वतंत्र सिद्धान्त पदार्थ लक्षण संग्रह, पृ. 206
227. ॠग्वेद, 10/90।
228. गीता 8/4/13।
229. मनु 10/14।
230. डॉ. अम्बेडकर, दि शूद्राज, पृ. 239।
231. आपस्तम्ब धर्मसूत्र, 1/111/7-8, गौतम धर्म सूत्र, 10/57-59।

232. मुनस्मृति 1/19।
233. गीता, 18/44।
234. बाल्मीकि रामायण, 1/6/19।
235. देवल, (मिताक्षरा, याज्ञ० 1/120)
236. उद्योग पर्व, 40/24–25।
237. राष्ट्र प्रकरण 4/18
238. शिवपुराण, प्रथम भाग, पृ. 903
239. शतपथ ब्राह्मण, 5, 3, 2, 2 सायण टीका।
240. कौटिल्य अर्थशास्त्र, 1/2। उद्योग पर्व 29/24।
241. शान्ति पर्व, 10/31।
242. नारद स्मृति ऋणादान 58।
243. शान्ति पर्व 283/3। मनुस्मृति 10/99–100।
244. शान्ति पर्व 97/18।
245. वसिष्ठ 18/13, आपस्तम्ब धर्मसूत्र 1/3/9/9, याज्ञवल्क्य स्मृति 1/148, आदि पर्व 64/20।
246. आचार्य बादरि 6/1/27, जैमिनि 1/3/27।
247. उद्योग पर्व 19/24, शान्तिपर्व 61, 27, कात्यापन श्रौत सूत्र 1/4/5।
248. गौतम धर्मसूत्र 10/51, व्यास 1/17।
249. अनुशासन पर्व 165/10, शान्तिपर्व 63/12–14।
250. मनुस्मृति 8/9, 20, याज्ञवल्क्य स्मृति 113।
251. याज्ञवल्क्य स्मृति 3/236, मनुस्मृति 11/66।

3

आश्रम व्यवस्था

आश्रम का अर्थ

तप या अम अर्थ की प्रतिपादक श्रम् धातु (श्रम्तपसि वेदे न) दिवादिगणीय है। समन्तात् सर्वतो भवेन अर्थ का द्योतक आङ् (आ) उपसर्ग है। अतएव आ उपसर्ग पूर्वक श्रम धातु से 'ऋदोरप' सूत्र द्वारा अप प्रत्यय (अधिकरण कारक में) होने से और 'अ' मात्र रहने से 'आश्रम' शब्द निष्पन्न होता है।

इस प्रकार आश्रम शब्द की व्युत्पत्ति बताई जाती है 'अ-समन्तात् श्रम्यते' अथवा 'तपः साधयन्ति जनाः अस्मिन इति आश्रमः।' अर्थात् जहाँ अच्छी रीति से श्रम या तप किया जाए वह आश्रम कहा जाता है।[1]

'सर्वतंत्र सिद्धान्त पदार्थ लक्षण संग्रह' में आश्रम में अनेक लक्षण मिलते हैं यथा 'मुनि गृहम् ऋषिणांस्थानाम् शास्त्रोक्त धर्म विशेषः।'[2]

पी.वी. काणे ने आश्रम का इस प्रकार से किया है 'आश्रम' शब्द श्रम धातु से बना है। आश्रयन्ति अस्मिन् इति आश्रमः अर्थात एक ऐसा जीवन स्तर जिसमें व्यक्ति खूब श्रम करता है।[3] इस शब्द के दो अर्थ निकलते हैं। प्रथम अर्थ 'परिश्रम करना' और द्वितीय 'श्रम में आ लग जाने से इसका अर्थ विश्राम या विराम स्थल हो जाता है। जो व्यक्ति को उसकी जीवन यात्रा को पूरी में 'विश्राम स्थल' का कार्य देकर सफलता में सहयोग देते हैं। जिससे जीवन सरल होकर आनन्दमय हो जाता है। पी.एन.प्रभु भी उपरोक्त मत का समर्थन करते हुए कहते हैं कि आश्रमों को जीवन के अन्तिम लक्ष्य चरम मुक्ति की दिशा में मनुष्य की यात्रा में आने वाले मिलन स्थलों के रूप में समझना चाहिए।[4] इस आश्रम व्यवस्था का तात्पर्य यह है कि व्यक्ति के ऐहिक एवं आध्यात्मिक लक्ष्य क्या हैं? उसे अपने जीवन को किस

प्रकार से चलना है तथा अन्तिम लक्ष्य की प्राप्ति के लिए क्या तैयारियाँ करनी हैं।[5] महाभारत में कहा गया है कि मानव जीवन को अन्तिम लक्ष्य तक पहुँचाने के लिए आश्रम व्यवस्था एक सीढ़ी के समान है। अन्तिम लक्ष्य तक पहुँचाने के लिए आश्रम व्यवस्था एक सीढ़ी के समान है। इस सीढ़ी के चार डंडे हैं, क्रमानुसार एक डंडे से दूसरे डंडे–ये ही चार आश्रम हैं और यही चार विश्राम स्थल हैं।[6] डॉ. बृजनाथ सिंह यादव के अनुसार आश्रम का अर्थ जीवन का वह विभाग है जिसमें मनुष्य प्रयास करता है। इस प्रकार से आश्रम का तात्पर्य हम उस व्यवस्था से ले सकते हैं जिसके द्वारा मनुष्य पशुवत् जीवन से जीवन यात्रा प्रारम्भ कर मनुष्य तत्व को प्राप्त करते हुए देवत्व को प्राप्त करे। अन्ततः स्वयं को ब्रह्म में लीन कर स्वयं भी ब्रह्म स्वरूप हो जाता है।

आश्रम व्यवस्था की उत्पत्ति एवं विकास

आश्रम व्यवस्था के सम्बन्ध में विद्वानों में मतैक्य नहीं है। यह एक बहुत ही विवादास्पद प्रश्न है। यद्यपि ऋग्वेद में आश्रम व्यवस्था के विषय में वर्ण व्यवस्था की भांति सुस्पष्ट विचारों का अभाव सा ही दिखाई पड़ता है, परन्तु यह नहीं कहा जा सकता कि ऋग्वेद में आश्रम व्यवस्था पर बिल्कुल भी प्रकाश नहीं डाला गया। ऋग्वेद में ब्रह्मचारी गृहस्थ एवं मुनि के उललेख हैं।[7] 'ब्रह्मचारी' शब्द ऋग्वेद एवं अथर्वद दोनों में मिलता है। अथर्ववेद में तो ब्रह्मचर्य नामक सूक्त में ब्रह्मचर्य की महिमा का खुलकर गुणगान किया है।[8] इसी प्रकार गृहस्थ के विषय में ऋग्वेद में प्रकाश डाला है।[9] वानप्रस्थ के विषय में कोई भी स्पष्ट संकेत वैदिक साहित्य में नहीं मिलता,[10] परन्तु वैदिक काल में वानप्रस्थ की ओर भी परोक्ष रूप में संकेत मिल जाता है। ऋग्वेद में 'यति' शब्द कई बार आया है। इसका अर्थ सन्देहास्पद है।[11] ऋग्वेद में वर्णित 'मुनि' शब्द स्पष्ट रूप से सन्यास आश्रम का द्योतक है।[12]

उपरोक्त मत में आश्रम व्यवस्था को ऋग्वेद काल में व्यवस्थित रूप में विवादास्पद माना गया है। अधिकांश विद्वानों का मत इसी प्रकार से है परन्तु महर्षि दयानन्द सरस्वती जी महाराज ने आश्रम व्यवस्था को ऋग्वेद काल से व्यवस्थित तथा सुस्पष्ट माना है।[13] महर्षि दयानन्द ने चारों वेदों के मन्त्र चारों आश्रमों में सम्बन्ध में अर्थ सहित प्रस्तुत किए हैं।[14] परन्तु दूसरे विद्वान महर्षि दयानन्द के विचार से सहमत नहीं लगते, उनके विचार से चारों आश्रमों का वर्णन तैत्तिरीय संहिता[15] में प्रथम बार परिकल्पित हुआ है। लेकिन इसमें भी पारस्परिक क्रम नहीं है।

उपनिषदों में आश्रम व्यवस्था वर्ण व्यवस्था की भांति सुस्पष्ट नहीं है। छान्दोग्योपनिषद में अवान्तर रूप से गृहस्थ वानप्रस्थ तथा ब्रह्मचर्य की अप्रत्यक्षत

चर्चा हुई है।[16] इसमें केवल तीन आश्रमों का ही वर्णन है, परन्तु कुछ विद्वान उद्धरण में ही 'ब्रह्म संस्यामृतत्वमैति' द्वारा चतुर्थ आश्रम (सन्यास) का अर्थ ग्रहण करते हैं।[17] मुण्डक उपनिषद में चतुर्थ आश्रम की चर्चा हुई है।[18] सभी उपनिषदों में आश्रम व्यवस्था पर प्रकाश नहीं डाला गया। विशेषकर प्राचीनतम उपनिषदों में इसका उल्लेख नहीं मिलता है। आश्रम व्यवस्था का क्रमिक निरूपण मुख्यत: ब्राह्मण ग्रन्थों के रचनाकाल में हुआ।[19]

ऐतरेय ब्राह्मण के एक सन्दर्भ से यह अनुमान लगाया जा सकता है कि उनकी रचना काल में चारों आश्रमों का क्रमीकरण हो चुका था।[20] छान्दोग्योपनिषद के काल तक वानप्रस्थ एवं सन्यास में कोई अन्तर नहीं था।

बृहदारण्यकोपनिषद के याज्ञवल्क्य के गृहस्थ से प्रव्रज्या धारण करने सम्बन्धी याज्ञवल्क्य मैत्रेयी सम्वाद से स्पष्ट होता है कि गृहस्थ के उपरान्त सन्यास आश्रम का क्रम था।[21] परन्तु श्वेताश्वेतर उपनिषद में 'अत्याश्रमिभ्य:' का प्रयोग हुआ है।[22] जिसमें प्रतीत होता है कि आश्रम का पालन करना आवश्यक कर्तव्य समझा जाता था। जाबालोपनिषद के समय तक चारों आश्रमों की व्यवस्था समाज में प्रचलित हो गई थी।[23] क्योंकि याज्ञवल्क्य जी जनक के सामने संन्यास की व्याख्या करते हैं।[24] धर्मसूत्रों में आश्रम व्यवस्था एकदम व्यवस्थित एवं सुस्पष्ट हो गई थी। कौटिल्य के अर्थशास्त्र में आश्रम धर्म का विस्तृत निरूपण मिलता है।

कुछ लोगों का मत है कि आश्रम व्यवस्था का प्रचलन बुद्ध के पश्चात [25] हुआ क्योंकि पिटकों में आश्रमों का क्रमबद्ध उल्लेख नहीं मिलता है।[26] यह विचार सर्वथा अनुचित है क्योंकि बुद्ध के पूर्व ही आश्रम व्यवस्था अपने सुव्यवस्थित रूप से समाज में अनुपालित होने लगी थी। भगवान बुद्ध ने भी ब्रह्मचर्य, वानप्रस्थ तथा संन्यास इन तीनों आश्रमों को आधार मानकर भिक्षु-जीवन का स्वरूप निश्चित किया था।[27] स्वयं भगवान बुद्ध सन्यासी के संग रहे तथा उनसे शिक्षा ग्रहण की।

आश्रमों के विकास में ऋण त्रय तथा पुरुषार्थ चतुष्टय का भी महत्त्वपूर्ण स्थान है। मनुष्य पर निम्न तीन ऋण—ऋषि ऋण, पितृ ऋण, और देव ऋण[28] जन्म से माने गए हैं। मनुष्य को इन ऋणों से उऋण होना अत्यन्त आवश्यक है। इन ऋणों से उऋण होना कठिन है।[29]

मनुष्य वेद-शास्त्रों के अध्ययन द्वारा ऋषि ऋण, सन्तानोत्पत्ति द्वारा पितृ ऋण तथा देवो उपासना द्वारा देव ऋण से उऋणी हो सकता है। मनुष्य को उपरोक्त ऋण से निश्चित ही मुक्त होना चाहिए। इन तीनों ऋणों का आश्रमों से पारस्परिक सम्बन्ध अत्यधिक घनिष्ठ है। ब्रह्मचर्य आश्रम में व्यक्ति ब्रह्मचर्य का पालन करते

हुए ऋषियों द्वारा रचित वेदादि ग्रन्थों का ज्ञानार्जन कर ऋषि ऋण से, ब्रह्मचर्याक्रम में वेदादि शास्त्रों में वर्णित यज्ञानि कर्मकाण्डों को सीखकर गृहस्थाश्रम में प्रवेश कर यज्ञ, तर्पण तथा शास्त्रोनुकूल सन्तानोत्पत्ति कर पितृऋण से तथा वानप्रस्थ एवं सन्यास आश्रम में प्रवेश कर कठिन साधना तथा तपोमय जीवन व्यतीत कर देव ऋण से मुक्ति प्राप्त करता है। यदि व्यक्ति ऋषि ऋण से मुक्त नहीं हो पाता तो वह भलीभांति पितृऋण तथा देव ऋण से भी मुक्त नहीं हो सकता। अत: तीनों आश्रम एक-दूसरे से चोली दामन का सम्बन्ध रखते हैं।

जिस प्रकार त्रिऋण की कल्पना आश्रम के साथ सम्बद्ध है, उसी प्रकार पुरुषार्थ का सम्बन्ध आश्रमों से है। जीवन न तो केवल आध्यात्मिक चिन्तन से पूर्ण होता है और न केवल भौतिक भोगों से। यह संतुलित होना चाहिए जिसमें आध्यात्मिकता और भौतिकता दोनों का समन्वय है।[30] आध्यात्मिक एवं भौतिक उपलब्धियों की संतुलित अनुभूति के लिए पुरुषार्थ अत्यन्त आवश्यक है।[31] पुरुषै अर्थ्यते इति पुरुषार्थ: अर्थात् मनुष्य जिस फल की इच्छा करे उसका नाम है–'पुरुषार्थ'। महाभारत के शान्ति पर्व में तीन पुरुषार्थ माने हैं।[32] परन्तु पुरुषार्थ चार हैं–धर्म, अर्थ, काम, मोक्ष। प्रथम पुरुषार्थ की उपलब्धि वैसे तो सभी आश्रमों में होती है, परन्तु मनुष्य ब्रह्मचर्य के पालन द्वारा धर्म के सूक्ष्मता पहलुओं को समझकर, नियम संयम पूर्वक उनका अनुपालन करते हुए द्वितीय आश्रम–गृहस्थ में धर्मपूर्वक अर्थ अर्जन कर अपनी इच्छाओं (काम) की संतुष्टि करता है इसलिए व्यक्ति के सर्वागींण विकासार्थ पहले उसे धर्म का मर्मज्ञ होना अत्यन्त आवश्क है जो ब्रह्मचर्याश्रम में सहज ही हो जाता है। गृहस्थाश्रम में धर्मपूर्वक अर्थ तथा काम को पूरा कर व्यक्ति अन्तिम पुरुषार्थ मोक्ष की प्राप्ति के लिए वानप्रस्थ तथा सन्यासाश्रम में विशेष प्रयत्न कर जीवन का सच्चा मूल्य प्राप्त कर लेता है। अत: आश्रम चतुष्टय का पुरुषार्थ चतुष्टय से सीधा सम्बन्ध है। आश्रम के विकास में ऋणत्रय तथा पुरुषार्थ चतुष्टय भी एक मुख्य उपादेय कारक है तथा आश्रम वह आधार है, जिससे पुरुषार्थों को गति मिलती है।

आश्रम के प्रकार

आश्रमों की संख्या के सम्बन्ध में विद्वानों में मतैक्य का अभाव है। क्योंकि वैदिक वाङमय के अनुशीलन से यह बात स्पष्ट होती है कि प्रारम्भ में केवल तीन ही आश्रम थे। ब्रह्मचर्य, गृहस्थ तथा वानप्रस्था। प्रथम स्मृतिकार मनु जी महाराज ने मनुस्मृति में एक स्थान पर तीन आश्रमों का ही उल्लेख किया है।[33] छान्दोग्योपनिषद में तीन आश्रमों के उल्लेख मिलते हैं।[34] कुछ विचारकों का कहना है कि प्रारम्भ में आश्रमों की संख्या तीन मानी गई थी– ब्रह्मचर्य, गृहस्थ और वानप्रस्थ। वानप्रस्थ–

आश्रम और सन्यास-आश्रम को एक ही आश्रम के अन्तर्गत रखा गया था। क्योंकि दोनों का आधार अध्यात्म और सत्य की खोज करना है। सम्भवतः इसीलिए इन दोनों आश्रमों में अधिक भेद करना उचित नहीं समझा गया होगा। किन्तु धीरे-धीरे आश्रमों का विकास चार आश्रम के रूप में हुआ।[35] मनुस्मृति में जहाँ द्वितीय अध्याय में तीन आश्रमों का उल्लेख है, वहीं षष्ठ अध्याय में चार आश्रम कहे गए हैं।[36] मनु जी महाराज ने बाद में कहा है 'मनुष्य अपने सौ वर्ष की आयु में चारों आश्रमों को (पच्चीस-पच्चीस वर्ष के) चार भागों में विभाजित कर सकता है। यजुर्वेद में भी शत वर्ष की ही कल्पना की है।[37] महर्षि दयानन्द सरस्वती जी[38] महाराज ने भी आश्रम चतुष्टय को स्वीकार किया है। वाल्मीकि रामायण[39], गौतम धर्मसूत्र[40], आपस्तम्ब धर्मसूत्र[41] तथा याज्ञवल्क्य आदि धर्मग्रन्थों में स्पष्ट रूप से ब्रह्मचर्य, ग्रहस्थ, वानप्रस्थ तथा सन्यास-आश्रमों का ही वर्णन मिलता है।'

आश्रमों में प्रवेश की अवस्था

वैदिक वाङ्मय में मनुष्य की आयु सौ वर्ष की मानी गई है।[42] जिसे चार आश्रमों में सम रूप से विभाजित किया गया है। इन्हीं सौ वर्षों में मनुष्य को पुरुषार्थ चतुष्टय की प्राप्ति भी करनी होती है। परन्तु इस विषय में विचारकों में बहुमत मत वेभिन्य पाया जाता है। यहाँ उपनयन संस्कार को लेकर ही मत विभिन्नता है क्योंकि बिना उपनयन के कोई भी बालक ब्रह्मचर्यआश्रम में प्रवेश नहीं कर सकता। उपनयन संस्कार की आयु वर्ण के अनुसार अलग-अलग है। अतः विचारकों के अनुसार पांच वर्ष से 16 वर्ष तक आयु निर्धारित की गई है। परन्तु सामान्यतः चारों आश्रमों की अवस्था 25-25 वर्ष मानी गई है। परन्तु यह कोई कठोर नियम नहीं था कि मनुष्य को 25 वर्ष पूर्ण करते ही उसे ब्रह्मचर्य से गृहस्थाश्रम में बलात् धकेल दिया जाता था। व्यक्तिगत आवश्यकताओं के अनुसार यह अवधि कम ज्यादा हो सकती थी। यह कोई सनातन सत्य तो नहीं था कि व्यक्ति 100 वर्ष तक ही जीवित रहता था। एक आश्रम से दूसरे आश्रम में प्रवेश करना व्यक्ति की वैयक्तिक बात थी। वह अपनी सुविधा और इच्छा पर निर्भर करता था। ऋषि रूढ़िवादी नहीं थे। उनका चिन्तन मौलिक, सामायिक, वैज्ञानिक तथा व्यावहारिक था।

महर्षि वात्स्यायन ने 'कामसूत्र' में मनुष्य की औसत आयु 100 वर्ष मानी है। इसी सौ वर्षों में उसे चार भागों में विभक्त कर चारों आश्रमों की अवधि निर्धारित की जा सकती है। इस प्रकार प्रत्येक आश्रम के लिए पच्चीस वर्ष की अवस्था का निर्धारण हुआ है।[43] इस प्रकार से प्रत्येक आश्रम की अवधि 25 वर्ष ही मानी जानी चाहिए तथा एक का समय पूर्ण होने पर दूसरे आश्रम में प्रवेश करना शास्त्र सम्मत भी है।

ब्रह्मचर्याश्रम

ब्रह्मचर्य आश्रम जीवन की गति में प्रथम स्तर है और आश्रम व्यवस्था का प्रथम आश्रम है। हलायु, कोष[44] के अनुसार 'ब्रह्म' और 'चर्य' दो शब्दों से मिलकर बना है। 'ब्रह्म' का अर्थ है ईश्वर या आध्यात्मिक ज्ञान। 'चर्य' का अर्थ है चर्या करना विवरण करना, प्रयत्न करना आदि। ब्रह्मचर्य आश्रम जीवन का वह भाग है जब व्यक्ति ब्रह्म अर्थात् आध्यात्मिक ज्ञान की प्राप्ति हेतु प्रयत्नशील रहता है। ब्रह्म का अर्थ आध्यात्मिक ज्ञान होने के कारण इसका सीधा सम्बन्ध वेदों से जुड़ जाना स्वाभाविक है क्योंकि आध्यात्मिक ज्ञान का भण्डार वेद ही हैं। अत: ब्रह्मचर्य का अर्थ वेदाध्ययन में प्रयत्नशील रहना भी होता है। अत: ब्रह्मचर्याक्रम का तात्पर्य जीवन-यात्रा के उस पड़ाव से है जिसमें व्यक्ति ब्रह्मज्ञान तथा वेदाध्ययन हेतु प्रयत्नशील रहता है। इस आश्रम में प्रवेश करने वाले व्यक्ति को ब्रह्मचारी।[45] की संज्ञा दी गई है। इसमें सदाचार एवं नैतिकता पूर्ण जीवनचर्या पर बल दिया जाता है।[46] ब्रह्मचर्य का तात्पर्य ऐसे मार्ग पर चलना जिससे मनुष्य शारीरिक, मानसिक तथा आध्यात्मिक दृष्टि से छोटे से महान हो सकता है। इन्द्रिय निग्रह ब्रह्मचर्य का मात्र एक पहलू है, शुद्ध अर्थों में ब्रह्मचर्य क्षुद्रता से महत्ता की ओर ऊर्ध्वगति या महान होने की साधना है।[47]

ब्रह्मचर्य का पालन करने वाले को ब्रह्मचारी कहते हैं, ब्रह्मचारी शब्द ऋग्वेद एवं तैत्तिरीय संहिता में आया है।[48] अथर्ववेद में तो ब्रह्मचर्य नामक सूक्त में ब्रह्मचारी सम्पूर्ण जीवन पर खुलकर प्रकाश डाला गया है।[49] तैत्तिरीय ब्राह्मण में इसका वर्णन है।[50] शतपथ ब्राह्मण में ब्रह्मचारी एवं ब्रह्मचर्य से सम्बन्धित अनगिनत उल्लेख[57] ब्रह्मचर्य-आश्रम की सुदृढ़ व्यवस्था को प्रदर्शित करते हैं। इसके अतिरिक्त मनुस्मृति, बाल्मीकि रामायण तथा स्मृतियों एवं पुराणों, गीता में इस पर चर्चा की गई है।

स्मृतियों में वैदिक ब्रह्मचारियों के दो प्रकार के विभाजन दिखलाई पड़ते हैं। प्रथम 'नैष्ठिक' ब्रह्मचारी कहलाता है और द्वितीय 'उपकुर्वाण'।[52] अन्य दूसरे ग्रन्थकारों ने भी इन दोनों प्रकारों का वर्णन किया है। याज्ञवल्क्य,[53] व्यास[54] तथा विष्णु धर्मसूत्र[55] ने नैष्ठिक का नाम तथा वर्णन दोनों दिए हैं। महर्षि दयानन्द जी महाराज ने तीन निम्न प्रकार के ब्रह्मचारी बताए हैं–

(1) कनिष्ठ– जो 24 वर्ष तक ब्रह्मचर्य का पालन कर तदपश्चात गृहस्थाश्रम में प्रवेश करे। उसे 'वसु' कहते हैं।

(2) मध्यम ब्रह्मचर्य जिसमें 44 वर्ष पर्यन्त ब्रह्मचारी रहकर वेदाभ्यास करता है। उसे 'रूद्र' कहते हैं।

(3) उत्तम ब्रह्मचर्य जिसमें 48 वर्ष पर्यन्त ब्रह्मचर्य का पालन करें।[50] उसे

आदित्य नाम दिया गया है।

नैष्ठिक ब्रह्मचारी उसे माना गया है जो जीवन पर्यन्त गुरू के आश्रम में रहकर ज्ञान प्राप्त करता है तथा मोक्ष प्राप्ति की साधना करता है। वह आजीवन ब्रह्मचारी ही रहता है उसके लिए अन्य आश्रमों में प्रविष्ट होने की आवश्यकता नहीं रहती है।[57] जीवन पर्यन्त गुरू के साथ रहना चाहिए। गुरू की मृत्यु के उपरान्त गुरू पत्नी के साथ रहना चाहिए, उसकी शुश्रूषा तथा अग्निहोत्र करना चाहिए। नैष्ठिक ब्रह्मचारी को किस प्रकार जीवनयापन करना चाहिए इस पर स्मृतियों में सारगर्भित उपदेश मिलते हैं।

उपकुवार्ण की कोटि के ब्रह्मचारी भी नैष्ठिक ब्रह्मचारी की भांति गुरू के समीप रहकर विद्याध्ययन करता था। विद्याध्ययन समाप्त हो जाने पर गुरू के द्वारा आज्ञा पाकर गृहस्थाश्रम में प्रवेश करता है। जब तक वह स्नातक नहीं हो जाता है तबतक ही वह गुरू के आश्रम में विधाओं, व्रतों और आचार व्यवहार का ज्ञान प्राप्त करता रहता है। उपकुवार्ण कोटि वाले ब्रह्मचारी स्नातक तीन प्रकार के होते हैं विद्या स्नातक, व्रतस्नातक, विद्याव्रत स्नातक।

ब्रह्मचर्य आश्रम की आयु तो लगभग निश्चित सी है। व्यक्ति जीवन के प्रथम चतुर्थांश में ब्रह्मचर्याश्रम का पालन करता है परन्तु बालक ब्रह्मचर्याश्रम में किस आयु में प्रवेश करे यह उसके उपनयन संस्कार पर निर्भर करता है। उपनयन का अर्थ है 'पास या सन्निकट ले जाना' किन्तु किसके पास ले जाना? इसका तात्पर्य है 'आचार्य के पास ले जाना'। उपनयन का सभी षोडश संस्कारों में अत्यधिक महत्त्व है। इसका मूल भारतीय एवं ईरानी है इसके उद्गम पर यहाँ प्रकाश डालना प्रासंगिक नहीं होगा। पुनश्च वही प्रश्न उठता है कि बालक किस आयु में ब्रह्मचर्याश्रम में प्रवेश करे अर्थात् बालक का उपनयन संस्कार किस आयु में किया जाए। उपनयन संस्कार के साथ ही बालक का अध्ययन प्रारम्भ होता है। आश्वलायन गृहय सूत्र[59] के मतानुसारेण ब्राह्मण कुमार का उपनयन गर्भाधान या जन्म से लेकर आठवें वर्ष में, क्षत्रिय का 11वें वर्ष में एवं वैश्य का 12 वर्ष में होना चाहिए। 16वें, 22वें एवं 24वें वर्ष तक भी उपनयन का समय बना रहता है।[60] पारस्कर गृह्य सूत्र[61] के मत से उपनयन गर्भाधान या जन्म से आठवें वर्ष में होना चाहिए, किन्तु इस विषय में कुल धर्म का पालन भी करना चाहिए। उपरोक्त आठवें वर्ष में संस्कार करना उचित है। उपनयन के बाद ब्रह्मचारी गुरूकुल विद्याध्ययन करने चला जाता है। जहाँ आचार्य अपने शिष्य को माता की भांति सभी प्रकार से देखरेख करता है। महर्षि दयानन्द जी महाराज ने कहा है शिष्य तो आचार्य के गर्भ में रहता है। जन्म से सभी शूद्र माने गए परन्तु उपनयन के उपरान्त मनुष्य द्विज हो जाता है।

उपनयन के उपरान्त जब ब्रह्मचारी गुरूकुल में जाता था तो उसे एक परिधान धारण करना पड़ता था। इसमें चार बातें मुख्य थी ब्रह्मचारी दो वस्त्र धारण करता था, जिनमें एक अधोभाग के लिए (वातस्) और दूसरा ऊपरी भाग के लिए (उत्तरीय) आपस्तम्ब धर्मसूत्र अनुसारेण ब्राह्मण का वस्त्र पटुआ के सूत का, क्षत्रिय का वस्त्र सन के सूत का, वैश्य ब्रह्मचारी के लिए मृगचर्म का होता था।[62] वस्त्र के विषय में बहुत मतभेद है। सभी प्रकार से प्रयोग प्रयुक्त किया जा सकता था।[63] आश्वलायन गृह्य सूत्र के अनुसार ब्राह्मण को पलाश, क्षत्रिय को उदुम्बर एवं वैश्य को बिल्व का दण्ड रखना चाहिए।[64]

ब्रह्मचारी की मेखला (तगड़ी, करघनी) तीनों वर्णों की अलग-अलग वस्तुओं से बनी होनी चाहिए। ब्राह्मण के लिए मुंज, क्षत्रिय के लिए तांत (मूर्वा) तथा वैश्य के लिए पटुआ (रेशम) की मेखला बनी होने का विधान है।[65] ब्रह्मचारी को केश या तो सभी मुण्डन कराने होते थे। अन्यथा पंच केश को रखना पड़ता था।[66] इसी प्रकार यज्ञोपवीत के सम्बन्ध में नियम था। ब्राह्मण का यज्ञोपवीत कपास का क्षत्रिय का सन का और वैश्य का भेड़ के बाल का बनता था।[67] ब्राह्मण ब्रह्मचारी मृग चर्म का आसन, क्षत्रिय ब्रह्मचारी व्याघ्र चर्म तथा वैश्य अज चर्म के आसन पर बैठता था।[68] ब्रह्मचारी के लिए भिक्षा माँगना शास्त्रोक्त कर्म है[69] इससे भी यज्ञोपवीत, मेखला आदि की भांति वर्णानुसार भिक्षा माँगते समय शब्द उच्चारण का क्रम भिन्न था। जैसे ब्राह्मण ब्रह्मचारी 'भवति भिक्षा देहि' (भद्रे मुझे भोजन दीजिए), किन्तु क्षत्रिय एवं वैश्य ब्रह्मचारी को क्रम में 'भिक्षा भवति देहि' एवं 'देहि भिक्षां भवति' कहना चाहिए।[70] यज्ञादि के लिए समिधा करने के अतिरिक्त ब्रह्मचारी को गुरू की सेवा भी करनी होती थी। गुरू सेवा में भोजन बनाने के लिए जंगल से लकड़ी लाना, गुरू के बर्तन साफ करना, आश्रम अथवा गुरूकुल में झाड़ू लगाना बीमार होने पर गुरू की सेवा करना इत्यादि कार्य भी ब्रह्मचारी के कर्तव्य में माने जाते थे।[71] गुरू को परमेश्वर तुल्य माना जाता था तथा ब्रह्मचारी को गुरू के साथ अति विन्रतापूर्वक व्यवहार करने का स्पष्ट आदेश शास्त्रों में है। ब्रह्मचारी गुरू के यहाँ प्राग्वत्, दासवत् और अनुचरवत् व्यवहार, उसके प्रति पूर्ण भक्ति तथा श्रद्धा भाव से व्यवहार करता था। ब्रह्मचारी को गुरू की आज्ञा को नि:संकोच भाव से मानना होता था। कहीं-कहीं पर अपवादस्वरूप अवहेलना के भी उदाहरण मिलते हैं तथा भीष्म द्वारा अपने गुरू परशुराम की आज्ञा नहीं मानी गई थी। आपस्तम्ब धर्मसूत्र में कहा है कि यदि गुरू अनुचित कार्य करता है और शिष्य से अनुचित कार्य कराना चाहता है तो शिष्य को चाहिए कि वह उसे एकान्त में इस बात को स्पष्ट रूप से बतला दे कि यह कार्य उचित नहीं है।[72] गौतम ने ऐसे अधर्म के अनुसरण करने

वाले गुरू से गुरू शिष्य सम्बन्ध विच्छेद करने का विधान किया है।[73] गुरू और शिष्य का सम्बन्ध अत्यधिक पवित्र सम्बन्ध था जिसका विच्छेद होना कोई बहुत सरल कार्य नहीं था।

गुरू की सेवा तथा नित्य कर्म (संध्या, भिक्षाटन, आदि) करते हुए ब्रह्मचारी गुरूकुल में अध्ययन करता था। मनु जी महाराज ने लिखा है कि–'द्विजमात्र को शास्त्रों में विहित विशेष तपो (ब्रह्मचर्य पालन, प्राणायाम, द्वन्द्व सहन आदि) और विविध व्रतों का पालन करते हुए सम्पूर्ण वेद ज्ञान को रहस्यपूर्वक अर्थात् गूढार्थ ज्ञान-चिन्तन पूर्वक अध्ययन करके प्राप्त करना चाहिए।[74]' चारों वेदों का अध्ययन अत्यन्त आवश्यक समझा जाता था। इसके अतिरिक्त उपनिषद तथा षट् दर्शन भी समान महत्त्व के ग्रन्थ माने जाते थे। आगे चलकर विद्या के चौदह या अठारह प्रस्थानों का अध्ययन आवश्यक हो गया था। चौदह विधाएँ निम्न मानी गईं हैं–पुराण इतिहास न्याय, मीमांसा, धर्मशास्त्र, शिक्षा कल्प, व्याकरण, निरुक्त छन्द और ज्योतिष तथा ऋग्वेद, यजुर्वेद, सामवेद और अथर्ववेद की जाती थी। अठारह विधाओं में उपरोक्त चौदह विधाओं के साथ आयुर्वेद, धनुर्वेद, गन्धर्व वेद तथा अर्थशास्त्र का भी समावेश होता था।[75] सधाकुमुद मुखर्जी ने निम्न प्रकार से वर्गीकरण किया है। अनुशासन –जिसके अन्तर्गत शिक्षा, कल्प, व्याकरण, निरुक्त, छन्द और ज्योतिष आदि है। विद्या जिसके अन्तर्गत न्याय मीमांसा एवं सर्प विद्या आदि को रखा गया है। वाकोवाक्यम्, इतिहास, पुराण आख्यान, अनुव्याख्यान, व्याख्यान माला, नरशंसी, ब्राह्मण क्षत्र विद्या, राशि, लक्षण विद्या, भूतविद्या, सर्प विद्या, अथवा अंगिरस, दैव निधि, पितृ, सूत्र, उपनिषद, श्लोक, वेदों का वेद, एकायन, देव विद्या, ब्रह्म विद्या और परमज्ञान या पराविद्या।[76] छान्दोग्योपनिषद में नारद सनत्कुमार सम्वाद में भी अध्ययन के विषयों का वर्णन मिलता है।[77] इसी प्रकार से बृहदारण्यकोपनिषद में अध्ययन के विषयों की चर्चा की गई है।[78] कुमारिल भट्ट ने भी तन्त्रवार्तिक में कहा है कि विद्या स्थान, जो धर्म की जानकारी के लिए प्रमाणिक माने जाते हैं, 14 या 18 हैं। शतपथ ब्राह्मण में अध्ययन के विषय ऋक, यजु, साम, अथर्वागिरत, अनुशासन, विद्या, वाको वाक्य, इतिहास, पुराण, गाथा एवं नाराशंसी परिगणित किए गए हैं।[79]

प्राचीनकाल में सारा का सारा अध्यापन मौखिक होता था। पारस्कर गृह्यसूत्र का कहना है कि 48 वर्ष तक ब्रह्मचर्य का धारण करना चाहिए और प्रत्येक वेद के अध्ययन में 12 वर्ष लगाने चाहिए।[80] शबर ने उपरोक्त मत की भर्त्सना की है, परन्तु कुमारिल भट्ट ने शबर की भर्त्सना करते हुए उपरोक्त मत को श्रुति अनुकूल माना है जिस व्यक्ति का विचार ब्रह्मचर्य से सीधे सन्यास लेने का हे वह 48 वर्ष तक अध्ययन कर सकता है। मनु जी महाराज के विचार इस प्रकार से हैं कि प्रत्येक वेद

के अध्ययन के लिए बारह वर्ष का समय उपेक्षित है। अत: तीन वेद के लिए छत्तीस वर्ष का समय चाहिए। यदि इतना समय न मिल सके तो अठारह वर्ष या नौ वर्ष की अवधि में तीनों वेदों अथवा एक वेद का अध्ययन तो निश्चय ही करना चाहिए।[81]

धर्मग्रन्थों एवं शास्त्रों में जहाँ ब्रह्मचारी के कर्तव्यों का वर्णन है। वहीं ब्रह्मचारी के लिए निषिद्ध कर्मों का भी वर्णन मिलता है। गौतम धर्मसूत्र के अनुसार ब्रह्मचारी को असत्य भाषण नहीं करना चाहिए सूर्य की ओर नहीं देखना चाहिए तथा मधु सेवन, मांस, इत्र (गन्ध), पुष्प सेवन, दिन शयन, तेल मर्दन, अंजन, यान यात्रा, उपानह(जूता आदि) पहनना, छाता लगाना, प्रेम व्यवहार, क्रोध, लालच, मोह, व्यर्थ विवाद, वाद्ययन्त्र, वादन, गर्म जल में आनन्ददायक स्नान, बड़ी सावधानी से दांत स्वच्छ करना, मन की उल्लासपूर्ण स्थिति, नाच, गान, दूसरों की भर्त्सना, भयावह, स्नान, नारी को घूरना या युवा नारियों को छूना, जुआ, क्षुद्र पुरुष की सेवा (नीच कार्य करना) पशु हनन, अश्लील वार्तालाप, आसव सेवन आदि से दूर रहना चाहिए।[82] ब्रह्मचारी को मिथुनाचरण नहीं करना चाहिए क्योंकि अध्ययन काल में वह स्वयं भ्रूण रूप होता है।[83] मनुस्मृति में ब्रह्मचारी के निषिद्ध कर्तव्यों पर इस प्रकार से प्रकाश डाला है। ब्रह्मचारी और ब्रह्मचारिणी को गन्ध, माला, रस, स्त्री और पुरुष का संग, सब खटाई, प्राणियों की हिंसा, अंगों का मर्दन बिना निमित्त उपस्थेन्द्रिय का स्पर्श, अंजन, जूते एवं छत्र का धारण करना, काम, क्रोध, लोभ, मोह, भय, शोक, ईर्ष्या, द्वेष, नाच, गान आदि से बचकर रहे। तथा सर्वत्र एकाकी सोवे वीर्यस्खलित कभी न करें।[84] आपस्तम्ब धर्मसूत्र में उपरोक्त निषिद्ध पाया जाता है।[85] ब्रह्मचारी को अष्ट मैथुन से सदैव दूर रहना चाहिए।[86] इस प्रकार से अत्यधिक कठोर अनुशासित जीवनयापन करते हुए ब्रह्मचारी वेदाध्ययन करता था। ब्रह्मचर्य पालन में प्राप्त होने वाले लाभों पर अथर्ववेद में ब्रह्मचर्य सूक्त में बहुत विस्तार से प्रकाश डाला है। ब्रह्मचारी वेद विधा को यथार्थ रूप में जान कर प्राणविद्या, लोक विद्या, लोक विद्या तथा प्रजापति परमेश्वर जोकि सबसे बड़ा और सबका प्रकाशक है, उसका जानना इन विधाओं में गर्भ रूप और इन्द्र अर्थात् ऐश्वर्ययुक्त होके असुर अर्थात् मूर्खों की अविधा का भेदन कर देता है।[87] राजा ब्रह्मचर्य के पालन तथा तप से राष्ट्र की रक्षा तथा प्रजा के पालन करने में समर्थ होता है। आचार्य भी ब्रह्मचर्य के पालन से ही विद्या प्राप्त करके दूसरों को ब्रह्मचारी बना सकता है।[88] ब्रह्मचर्य और धर्मानुष्ठान से ही विद्वान लोग जन्म मरण को जीत के मोक्ष सुख को प्राप्त हो जाते हैं। जैसे इन्द्र अर्थात् सूर्य परमेश्वर के नियम में स्थित होके सब लोकों का प्रकाश करने वाला हुआ है वैसे ही मनुष्य का आत्मा ब्रह्मचर्य से प्रकाशित होके सबको प्रकाशित कर देता है। इससे ब्रह्मचर्याश्रम ही सब आश्रमों में उत्तम है।[89]

महर्षि दयानन्द सरस्वती जी महाराज जो आधुनिक युग के तथा जैमिनी के बाद प्रथम महर्षि माने जाते हैं, अपने अमरग्रन्थ सत्यार्थ प्रकाश में ब्रह्मचर्य से युक्त होने वाले लाभों पर प्रकाश डालते हुए लिखते हैं कि जो आचार्य और माता-पिता अपने सन्तानों को प्रथम वय में विद्या और गुण ग्रहण के लिए तपस्वी कर और उसी का उपदेश करें और वे सन्तान आप ही आप अखण्डित ब्रह्मचर्य सेवन से तीसरे उत्तम ब्रह्मचर्य का सेवन करे पूर्ण अर्थात् चार सौ वर्ष पर्यन्त आयु को बढ़ाये वैसे तुम भी बढ़ाओ। क्योंकि जो मनुष्य इस ब्रह्मचर्य को प्राप्त होकर लोप नहीं करते वे सब प्रकार के रोगों से रहित होकर धर्म, अर्थ, काम और मोक्ष को प्राप्त होते हैं।[90] भीष्म पितामह ने केवल ब्रह्मचर्य के बल पर ही छः माह तक शर-शैय्या पर लेटे रहकर अपने प्राणों को रोके रखा। भगवान कृष्ण जी महाराज ने ब्रह्मचर्य का पालन सन्दीपनी ऋषि के आश्रम में रहकर किया था। ब्रह्मचर्य आश्रम ही शेष तीनों आश्रमों तथा पुरुषार्थ चतुष्टय की रीढ़ की हड्डी है, क्योंकि इस समय में मनुष्य अनुशासन में रहकर अनुशासित तथा धार्मिक हो जाता है। ब्रह्मचर्य आश्रम की महिमा को शब्दों में वर्णित करना हास्यपद सा प्रतीत होता है।

ब्रह्मचर्य आश्रम के उपरान्त ब्रह्मचर्य वेदाध्ययन समाप्त कर स्नान कर्म तथा गुरू गृह से लौटते समय का संस्कार स्नान या समापवर्तन संस्कार करने के उपरान्त गुरू आज्ञा से अपने पितृ गृह में लौटकर गृहस्थ जीवन में प्रवेश करता था। जब ब्रह्मचारी गुरु गृह अर्थात् गुरूकुल से पितृगृह को लौटता था तो उसे गुरू निम्न उपदेश देता था– माता, पिता, आचार्य तथा अतिथि देव तुल्य है। जितने निर्दोष उत्तम कर्म हैं वे सेवन करने चाहिए। पाप कर्म नहीं करने चाहिए। सत्य बोलना, धर्म का आचरण करना, स्वाध्याय में प्रमाद न करना। सत्य में प्रमाद न करना। धर्म में प्रमाद न करना। शरीर को नीरोग रखने के लिए स्नान व्यायामादि में कभी प्रमाद न करना। ऐश्वर्य में कभी प्रमाद न करना। स्वाध्याय और कथा कीर्तन, प्रवचन में कभी प्रमाद न करना। देवाराधना और पितृ पूजन में कभी प्रमाद न करना।[91] गुरू अपने स्नातक शिष्य को इस प्रकार का उपदेश देकर गुरूकुल से विदा करता था।

गृहस्थाश्रम

गृहे तिष्ठतीति, गृ + ङि+ स्था + कः
गृहस्थ +ण्यम् – वैदिक तत्सम[92]

हलायुद्ध अनुसारेण न गृहं गृह मित्याहुगृहिणी गृहमुच्यते अतएव गृहेषु दारेषु तिष्ठति अभिरमते इति। गृह+स्था + सुपिस्थः इति क।[93] अर्थात्– घर को घर नहीं

कहा जाता अपितु पत्नी को घर कहा जाता है अत: पत्नी में रमण करने वाले को गृहस्थ कहते हैं।

आश्रम चतुष्टय में गृहस्थाश्रम द्वितीय स्थान पर पड़ता है। आश्रम का तात्पर्य विश्राम स्थल से लेने पर गृहस्थ प्रथम विश्राम के उपरान्त पवित्र यात्रा का द्वितीय विश्राम स्थल है। ब्रह्मचारी 25 वर्ष पर्यन्त गुरूकुल के कठोर अनुशासन में रहते हुए धर्म तथा विद्या को भलीभांति समझ कर समापवर्तन संस्कार कर गुरूकुल से चल विवाह संस्कार द्वारा गृहस्थ आश्रम में प्रवेश करता है। क्रम की दृष्टि से गृहस्थाश्रम को द्वितीय स्थान प्राप्त है। परन्तु श्रेष्ठता में प्रथम स्थान प्राप्त है। प्रो. हरिदत्त वेदालंकार जी गृहस्थ की महिमा इस प्रकार से लिखते है कि 'गौतम (3/1 तथा 3/5) तथा बौधायन धर्मसूत्र (2/6/29, 42-43) का यह मत है कि वास्तव में केवल एक ही आश्रम है– गृहस्थाश्रम। ब्रह्मचर्य इसकी तैयारी मात्र है, वानप्रस्थ और सन्यास गृहस्थ धर्म के यावज्जीवन पालन का निर्देश करने वाले अनेक वैदिक वचनों के विरोधी होने के कारण अमान्य है। बाद में धर्मशास्त्र कारों ने यद्यपि पिछले दो आश्रमों को अस्वीकार नहीं किया, किन्तु वे गृहस्थाश्रम की प्रशंसा के गीत गाते नहीं थकते। गौतम (3/3) ने इसे अन्य सब आश्रमों का मूल कहा है।[94] धर्मसूत्रों के अनुसार प्रारम्भ में गृहस्थाश्रम मात्र एक आश्रम था।[95] मनु जी महाराज ने गृहस्थ की महिमा इन शब्दों में गाई है' जैसे वायु के आश्रय से सब जीवों का वर्तमान सिद्ध होता है, वैसे ही गृहस्थ के आश्रम से ब्रह्मचारी, वानप्रस्थ और सन्यासी अर्थात् सब आश्रमों का निर्वाह होता है।[96] जैसे नदी नद सागर में जाकर स्थिर होते हैं। वैसे ही सब आश्रमी गृहस्थ ही को ही प्राप्त होके स्थिर होते हैं।[97] सम्पूर्ण समाज इसी आश्रम की धुरी के ऊपर स्थिर है। सृष्टि के क्रम को अक्षुण्ण बनाए रखने के अतिरिक्त, यह आश्रम अन्य तीन आश्रमों का भी पालक है। विष्णु स्मृति,[98] वशिष्ठ,[99] शंख,[100] दक्ष[101] स्मृतियों का भी यही मत है अन्य आश्रमों का आश्रयदाता होने के कारण यह सर्वश्रेष्ठ आश्रम है। महाभारत के शान्ति पर्व में कहा है कि 'गार्हस्थ्य धर्म का पालन करने वाला ही सच्चा त्यागी है। वेद विहित नियमों का पालन करते हुए गृहस्थ पारलौकि उन्नति से कभी वंचित नहीं हो सकता है। यज्ञ कर्म ही गृहस्थाश्रमी को मर्यादा के भीतर रखता है।[102] निस्संदेह तप श्रेष्ठ कर्म है परन्तु गृहस्थ धर्म में ही सारी तपस्या प्रतिष्ठित है।[103] व्यास जी का कहना है कि– 'जितेन्द्रिय होकर गृहस्थ धर्म का पालन करने वाले को घर में ही कुरूक्षेत्र, नैमिषारण्य, हरिद्वार और केदार तीर्थ मिल जाते हैं।[104]' महाभारत में कुछ ऐसे भी उदाहरण मिलते हैं जहाँ पर गृहस्थाश्रम की उपेक्षा कर संन्यासी बनने वालों का जमकर उपहास किया गया है। संन्यास को पापिष्ठा वृत्ति कहा गया है।[105] पुराण भी

गृहस्थाश्रम को अन्य आश्रमों का आधार मानती है।[106] इस प्रकार से गृहस्थाश्रम की श्रेष्ठता का सभी धर्मशास्त्रों में गुणगान किया गया है। जहाँ साधन रूप ज्ञान प्रथम ब्रह्मचर्याश्रम है, वहीं साध्य रूप पुरुषार्थ कर्म गृहस्थाश्रम है। यद्यपि बाल्मीकि ने गृहस्थाश्रम को भोग काल भी कहा है।[107] परन्तु गृहस्थाश्रम चारों आश्रमों में सर्वश्रेष्ठ आश्रम माना है।[108] चित्रकूट पर भरत राम से कहते हैं हे धर्मज्ञ! चारों आश्रमों में गृहस्थाश्रम ही सर्वश्रेष्ठ माना गया है। आप उस पुनीत गृहस्थाश्रम को क्यों त्यागना चाहते हैं।[109] उपनिषदों एवं आरण्यकों में वानप्रस्थाश्रम का गौरव गान है तो रामायण गृहस्थाश्रम की महाप्रशस्ति है और इसी को आध्यात्मिक कल्याण का मुख्य साधन बताती है।[110] उपनिषदों में वैराग्य तथा निवृत्ति मार्ग अर्थात् संन्यास पर अधिक बल दिया गया है, परन्तु उपनिषदों के प्रवक्ता आचार्य ऋषि भी अधिकांशतः गृहस्थ थे।

वेदाध्ययन के उपरान्त प्रायः ब्रह्मचारी 25 वर्ष की आयु में ही गुरूकुल से गृहस्थ बनने हेतु समावर्तन संस्कार द्वारा ऋषि ऋण से उऋण होकर आता था। 25 वर्ष कोई कठोर नियम नहीं था। 25 वर्ष से भी अधिक आयु हो सकती थी। यह व्यक्ति के स्वयं के अध्ययन पर निर्भर करता था। सामान्यतः पच्चीस वर्ष गृहस्थ में रहकर मनुष्य धनोपार्जन परिवार पोषण, दान यज्ञ तथा अन्य सभी सामाजिक उत्तरदायित्वों से विमुक्त होने के लिए पर्याप्त माने गए थे।

विवाह संस्कार द्वारा ब्रह्मचारी गृहस्थाश्रम में प्रवेश करता है। विवाह के प्रकारों आदि पर प्रकाश डालना अप्रासंगिक हो जाएगा, परन्तु विवाह के निम्न तीन प्रयोजन माने गए हैं–(1) पुत्र प्राप्ति (2) धर्म का पालन (3) रति सुख।[111]

ब्रह्मचर्याश्रम में ब्रह्मचारी के मात्र दो ही कर्तव्य माने गए हैं प्रथमतः गुरू सेवा द्वितीय अध्ययन। इसी प्रकार जैसे ही वह गृहस्थाश्रम में प्रवेश करता है तो उसके कन्धों पर बहुत सारे धार्मिक, सामाजिक उत्तरदायित्वों एवं कर्तव्यों का भार भी आ जाता है। जिनका पालन उसका नैतिक कर्तव्य बन जाता है। गृहस्थ के द्वारा पालित होने वाले सभी छोटे-बड़े कार्यों का बहुत सूक्ष्मता तथा विशदता से हिन्दू शास्त्रों में प्रतिपादन किया गया है।[112]

ब्रह्मचारी को समावर्तन के अवसर पर गुरू 'द' अक्षर का उपदेश देता था। जिसका तात्पर्य था कि दम, दान और दया का नित्य प्रति अनुष्ठान होता रहे।[113] मनु के अनुसार गृहस्थ के सामान्य धर्मों का सेवन करना अत्यन्त आवश्यक है धृति, क्षमा, दम, अस्तेय, इन्द्रिय-निग्रह, दान, विद्या, सत्य और क्रोध त्याग ये दस सामान्य धर्म माने गए हैं। मनु जी महाराज यमों के सेवन के ऊपर अधिक बल देते हैं। यमों का सेवन प्रत्येक दशा में होना चाहिए भले ही किन्हीं अवसरों पर नियमों का पालन न भी हो सके[114]–गृहस्थ के कर्तव्यों की इतिश्री मात्र यम नियम के पालन से नहीं हो

जाती उसके लिए पंच महायज्ञ का यथाशक्ति करना अत्यन्तावश्यक कर्म है। गृहस्थ पर सभी आश्रम आश्रित हैं अतः गृहस्थ को धर्मानुसारेण अर्थोपार्जन करना चाहिए। धनाभाव से ब्रह्मचारी वानप्रस्थ तथा संन्यासी नाव पार लगा सकता है, परन्तु गृहस्थ के लिए असम्भव हो जाएगा। पराशर स्मृति, नारद स्मृति में भी न्यायोपार्जित वित्त पर बल दिया है।[115] गृहस्थ के लिए अतिथि सेवा करना भी अनिवार्य माना गया है। यदि गृहस्थ के घर में से अतिथि असन्तुष्ट लौट जाता है तो उसका सम्पूर्ण पुण्य का नष्ट होना माना गया है, परन्तु साथ ही मनु महाराज ने पाखण्डी विरुद्ध कर्मी, शठ, हेतुवादी, वक वृत्ति जैसे अतिथियों की सेवा न करने का भी निर्देश दिया है।[116] गृहस्थ को नैतिक मूल्यों के प्रति सदैव सतर्क रहना चाहिए।[117]

गृहस्थ को ऋण त्रय से मुक्त होने का सर्वविध प्रयास करना चाहिए। मनु जी महाराज ने गृहस्थ को स्पष्ट रूप से आदिष्ट किया है कि–'तीनों ऋणों को चुकाकर मन को मोक्ष में लगाएँ। ऋणों को न चुकाकर मोक्ष को चाहने वाला तथा वेदों को न पढ़कर तथा पुत्रोत्पत्ति न करके और यज्ञों को न करके मोक्ष चाहने वाला अधोगति को प्राप्त करता है।[118] गृहस्थ ही एक ऐसा आश्रम है जिसमें वेदाध्ययन कर ऋषि ऋण, सन्तानोत्पत्ति कर पितृ ऋण तथा यज्ञादि कर देव ऋण से विमुक्त हुआ जा सकता है अन्य किसी भी आश्रम में उपरोक्त तीनों ऋणों से एकसाथ मुक्ति का कोई रास्ता नहीं है।' इन ऋण त्रय के पीछे एक मनोविज्ञान समाहित है– वेदों को इसीलिए ऋषि ऋण से जोड़ा गया है कि शिक्षा का प्रचार प्रसार स्वाभाविक रूप से होता रहे। इसी प्रकार पितृ ऋण का भी मनोवैज्ञानिक महत्त्व है। भारतीय धर्मशास्त्रों में मोक्ष को जीवन का सच्चा तथा अन्तिम लक्ष्य माना है। अतः मनुष्य ऐसा न करे कि जिससे गृहस्थ के प्रति रूचि ही न रहे अतः सृष्टि क्रम को चलाने के लिए पितृ ऋण का महत्त्व है इसी प्रकार से देव ऋण को यज्ञ से सम्बन्धित किया है। जब सभी गृहस्थ प्रतिदिन यज्ञ करेंगे तो सम्पूर्ण वायु मण्डल सुगन्धियुक्त होगा जिससे सभी प्राणी स्वस्थ एवं प्रसन्नचित्त रहकर समाज के निर्माण, हिंसा, लोभादि की पाशविक वृत्तियों को छोड़कर कार्य करेंगे तो सारे समाज के दुख स्वयं ही समाप्त हो जाएंगे। दूसरे यज्ञ से वर्षा होती है। वर्षा से अन्न पैदा होता है।

गृहस्थ के उपरोक्त कर्तव्यों के अतिरिक्त पंचमहायज्ञादि अत्यधिक महत्त्वपूर्ण कर्तव्य माने गए हैं। इन यज्ञों के पालन से मनुष्य का इहलौकिक और पारलौकिक दोनों जीवन सुखी बनते हैं तथा अभ्युयेनिः श्रेयससिद्धिः सधर्मः वैशेषिक सूत्र भी सत्य घटित हो जाता है। ब्रह्म यज्ञ, पितृ यज्ञ, नृयज्ञ, देवयज्ञ तथा भूतयज्ञ है जिनका उल्लेख शतपथ ब्राह्मण, तैत्तिरीय आरण्यक तथा बृहदारण्यकोपनिषद आदि में मिलता है।[119] उपरोक्त ग्रन्थों के अतिरिक्त आपस्तम्ब धर्मसूत्र, बौधायन धर्मसूत्र,

गोभिल स्मृति तथा बाद के सभी धर्मग्रन्थों में इनका वर्णन है।[120] पंच महायज्ञों के मूल उद्देश्य पर प्रकाश डालते हुए प्रो. हरिदत्त वेदालंकार जी लिखते हैं कि इनका वास्तविक प्रयोजन प्रतिदिन भगवान के प्रति भक्ति और स्वाध्याय वैदिक साहित्य का सृजन करने वाले ऋषियों के प्रति श्रद्धा, पितरों का स्मरण, समूची सृष्टि के लिए तथा मनुष्य मात्र के प्रति उदारता दया और अनुकम्पा के भाव प्रदर्शित करना है। आग्नेष्टोम आदि वैदिक यज्ञ बहुत व्यय-साध्य और आडम्बरपूर्ण थे, वे पुरोहितों द्वारा कराए जाते थे, उनका उद्देश्य स्वर्ग प्राप्ति था। किन्तु पंचमहायज्ञ बहुत सरल और संक्षिप्त थे। इन्हें प्रत्येक गृहस्थ स्वयं करता था और इसका प्रयोजन ईश्वर, ऋषियों, पितरों तथा सभी सांसारिक प्राणियों के प्रति अपने कर्तव्यों से उऋण होना था।[121]

महर्षि दयानन्द सरस्वती जी महाराज ने मनुस्मृति (2/28)के श्लोक का अर्थ इस प्रकार करते हुए 'मनुष्यों को चाहिए कि धर्म से वेदादिशास्त्रों का पठन-पाठन, गायत्री-प्रणवादि का अर्थ विचार, ध्यान, अग्निहोत्रादि होम, कर्म उपासना-ज्ञान विधा पौर्णमात्यादि इष्टि, पंचमहायज्ञ, अग्निष्टोम आदि, न्याय से राज्य पालन, सत्योपदेश और योगाभ्यासादि उत्तम कर्मों से इस शरीर को (ब्राह्मी) अर्थात् ब्रह्म सम्बन्धी करें।'[122] स्पष्ट किया है कि ये पंच महायज्ञ मलिनता को दूर करने के लिए अमोध अस्त्र है। कालान्तर में प्रतिदिन के महायज्ञों के साथ अन्य उद्देश्य भी आ जुटे। मनु, विष्णु, धर्मसूत्र, शंख, हारीत, मत्स्य पुराण तथा अन्य लोगों के मत से प्रत्येक गृहस्थ अग्निकुण्ड, चक्की, झाड़ू, सूप, जलघट तथा अन्य घरेलू सामग्रियों (यथा चूर्ण लेप) से प्रतिदिन प्राणियों को आहत करता एवं मारता है।[123] अतः इन्हीं उपरोक्त वर्णित पापों से छुटकारा पाने के लिए प्राचीन ऋषियों ने पंच महायज्ञों की व्यवस्था की।

ब्रह्मयज्ञ के विषयों में अत्यन्त प्राचीन वर्णन शतपथ ब्राह्मण में मिलता है।[124] महर्षि दयानन्द जी महाराज ने ब्रह्मयज्ञ के विषय में इस प्रकार लिखा है कि प्रथम ब्रह्मयज्ञ कहाता है– 'जिसमें अंगों के सहित वेदादि शास्त्रों का पढ़ना पढ़ाना तथा सन्ध्योपासन अर्थात् प्रातःकाल और सायंकाल में ईश्वर की स्तुति प्रार्थना और उपासना सब मनुष्यों को करनी चाहिए।'[125] ब्रह्मयज्ञ के करने से विधा, शिक्षा, धर्म सभ्यता आदि शुभ गुणों की वृद्धि होती है।

देवयज्ञ अर्थात् अग्निहोत्र, आपस्तम्ब धर्मसूत्र (11/4/13/1) बौधायन धर्मसूत्र (2/6/4) एवं गौतम (5/8-9) के अनुसार देवता का नाम लेकर 'स्वाहा' शब्द के उच्चारण के साथ अग्नि में हवि या कम से कम एक समिधा डालना देवयज्ञ है।[126] क्योंकि बड़े-बड़े यज्ञ करना या कराना जनसाधारण की सामर्थ्य से परे की बात है। अतः अग्नि में कुछ समिधा डालना सभी के लिए सुलभ भी है। इस प्रकार देवताओं के प्रति गरीब भी अपनी श्रद्धा भक्ति प्रदर्शित कर सकता है। यह विश्वास

किया जाता है कि मनुष्य के पास जो भी है वह देवताओं की कृपादृष्टि का ही फल है। महर्षि दयानन्द जी के अनुसार अग्निहोत्र से वायु, वृष्टि जल की शुद्धि होकर वृष्टि द्वारा संसार को सुख प्राप्त होना अर्थात् शुद्र वायु का श्वात स्पर्श, खानपान से आरोग्य, बुद्धि, बल, पराक्रम, ...धर्म, अर्थ, काम और मोक्ष पूरा करना होगा[127] मनु जी महाराज भी इसी प्रकार से विचार अपनी स्मृति में प्रतिपादित करते हैं।[128] बौद्धों के द्वारा यज्ञ का विरोध तथा हिंसा होने के कारण जनसाधारण की रूचि अग्निहोत्र में कम होती गई। अग्निहोत्र में जिन देवताओं के नाम पर आहुतियाँ डाली जाती थीं। उनकी मूर्ति बनने लगी जो मध्यकाल तक पहुँचते-पहुँचते घर में पूजित होने लगी और अग्निहोत्र का स्थान मूर्ति पूजा ने ले लिया।

'पितृ यज्ञ' शब्द ऋग्वेद में आया है, किन्तु इसका अर्थ अनिश्चित है।[129] पितरों को प्रतिदिन निम्न प्रकार से सम्मानित किया जाता है (1) तर्पण, (2) बलिहरण (3) श्राद्ध (जिसमें कम से कम एक विद्वान को भोजन कराकर)[130] भूतयज्ञ अथवा बलि वैश्यदेव यज्ञ के विषय में भी प्राचीन गृह्यसूत्रों, मध्यकालिक निबन्धों एवं आधुनिक व्यवहारों में मतैक्य नहीं है। भारतीय संस्कृति में बाँट खाने की परम्परा रही है। ऋग्वेद के समय से भारतीय विचारधारा में अकेले स्वार्थपूर्ण भक्षण करना पाप माना है।[131] इसीलिए घर में प्रतिदिन बनने वाले भोजन में से जो बलि निकाली जाती है उसे अग्नि में न डालकर हाथ से साफ की हुई तथा पानी छिड़क कर पवित्र की भूमि पर रखी जाती है। इन्द्र, यम, वरुण आदि देवताओं के अतिरिक्त दिवाकर और वक्तचारी भूतों और पितरों को बलि देने के बाद अन्त में कुत्तों, पतितों, चाण्डालों, कोढ़ी आदि रोग वालों, कौओं पक्षियों, कीड़ों के लिए बलि जमीन पर रखी जाती है।[132] वह वैदिक साम्यवाद का उत्कृष्ट उदाहरण विश्व में आधुनिक साम्यवाद में कई कदम आगे बढ़कर है जो विश्व बन्धुत्व का पाठ पढ़ाता है तथा साथ ही त्यागमय भोग का आदर्श भी प्रस्तुत करता है।

नृयज्ञ या अतिथियज्ञ का अर्थ है अतिथि का सम्मान करना।[133] अतिथि की सेवा करना भारतीय संस्कृति का महत्त्वपूर्ण अंग है। ब्रह्मचारी को समापवर्तन के समय आचार्य 'अतिथि देवो'[134] का उपदेश देकर विदा करता था। मनु जी महाराज ने अतिथि सेवा को सभी ऐश्वर्य तथा स्वर्ग प्रदान करने वाली मानी है।[135] अथर्ववेद में लिखा है कि अतिथि गृहपति का अन्न नहीं बल्कि उसके पापों का भक्षण करता है।[136] अतिथि का सत्कार सभी पुण्यों एवं सुखों का प्रदाता है, वही अतिथि का सत्कार न होने पर गृहपति के सभी पुण्य समाप्त हो जाते हैं।[137]

इस प्रकार से गृहस्थी के कर्तव्यों में पंच महायज्ञ प्रमुख कर्तव्य माने गए हैं। जो समाज के सभी वर्गों तथा धर्म के लिए अत्यन्तावश्यक है। जिनके पालन से

समाज में विषमता की स्थिति शून्य प्राय: हो जाती है। इसके सभी उत्तरदायित्वों को भलीभांति पूरा करने के कारण ही तो गृहस्थ को सबसे ज्येष्ठ एवं श्रेष्ठ माना है।

वानप्रस्थ

(वाने वन समूहे प्रतिष्ठते –स्था + क –अपने धार्मिक जीवन से तीसरे आश्रम में प्रविष्ट ब्राह्मण)[138] वानप्रस्थ आश्रम, मनुष्य के जीवन का तृतीय विश्राम स्थल है। मनुष्यों को उचित है कि ब्रह्मचर्याश्रम को समाप्त करके गृहस्थ होकर वानप्रस्थ और वानप्रस्थ होके संन्यासी होने अर्थात् इस अनुक्रम से आश्रम का विधान है।[139]

वानप्रस्थ के लिए प्राचीनकाल में 'वैखानस' शब्द प्रयोग किया जाता था।[140] ऋग्–अनुक्रमणी में 100 वैखानत ऋग्वेद 9/66 के ऋषि कहे गए हैं। ऋग्वेद 10/99 के ऋषि हैं वभ्र वैखानस। तैत्तिरीयारण्यक (1/23) ने 'वैखानस' शब्द का सम्बन्ध प्रजापति के नखों से स्थापित किया है।[141] बौधायन धर्मसूत्र में उसी को वानप्रस्थ माना है जो वैखानत शास्त्र से अनुमोदित नियमों का पालन करता है।[142] इससे स्पष्ट होता है कि प्राचीन काल में 'वैखानस शास्त्र' नामक ग्रन्थ था जिसमें वनवासी मुनियों की आचार संहिता लिखी हुई थी। मनु महाराज, पराशर माधवीय एवं वशिनष्ठ धर्मसूत्र ने वैखानस शास्त्र के अनुसार निर्वाह करने वाले को वानप्रस्थ माना है।[143] मिताक्षरा के अनुसार वानप्रस्थ शब्द वन प्रस्थ ही है जिसका तात्पर्य है वह जो वन में सर्वोत्तम ढंग से, जीवन के कठोर नियमों का पालन करते हुए रहता है। किन्तु क्षीर स्वामी[144] ने इसकी व्युत्पत्ति इस प्रकार से की है–

कालिदास ने कण्व ऋषि की पर्ण कुटी में रहती हुई शकुन्तला के जीवन को वैखानस व्रत कहा है।[145] बाल्मीकि रामायण में 'वैखानस' शब्द तृतीय आश्रम के लिए प्रयुक्त हुआ है। वन में मुनि वृत्ति या वन वृत्ति का पालन करने वाले भी वैखानस कहलाते थे। महाभारत के अनुसार वैखानसो का विचार यह है कि धन के पीछे पड़ने की अपेक्षा धन एकत्र करने की इच्छा न करना अधिक श्रेयकर है।[146] शंकराचार्य ने वेदान्त सूत्र भाष्य में तीसरे आश्रम को वैखानस कहा है।[147] इस प्रकार प्राचीन काल में वानप्रस्थ को वैखानस कहा जाता था। वानप्रस्थ गार्हस्थ जीवन से निवृत्ति का आश्रम है। वानप्रस्थी अरण्यों में जाते थे, जहाँ वे शांत वातावरण में वे मनन– चिंतन करते हुए आत्मानुभूति करते थे। वैदिक काल में इन्हीं अरण्यवासियों या वान प्रस्थियों ने अध्यात्म के सम्बन्ध में जो विचार प्रकट किए उनका संकलन आरण्यक ग्रन्थों में किया गया है।

ब्रह्मचर्य से गृहस्थ में प्रवेश कर मनुष्य को धर्मपूर्वक अर्थ तथा काम की प्राप्ति कर वानप्रस्थ में प्रवेश करना चाहिए। वानप्रस्थ में प्रवेश के सम्बन्ध में विद्वानों तथा

धर्मशास्त्रों में तीन मत हैं। एक मत तो यह है कि ब्रह्मचर्य से गृहस्थ तथा गृहस्थ से वानप्रस्थ में प्रवेश करना चाहिए। इसके पक्षधर जाबालोपनिषद तथा शतपथ अरण्यक आदि हैं।[149] दूसरा मत यह है कि ब्रह्मचर्य से सीधा संन्यास लिया जा सकता है जैसे शंकराचार्य जी महाराज ने ब्रह्मचर्य से सीधा संन्यास लिया था। महर्षि दयानन्द जी महाराज का विचार है कि जो पूर्ण विद्वान जितेन्द्रिय विषय भोग की कामना से रहित, परोपकार करने की इच्छा से युक्त पुरुष हो वह ब्रह्मचर्याश्रम से ही संन्यास लेवे और वेदों में भी 'यतयो ब्राह्मणस्य विजानत:' इत्यादि पदों से संन्यास का विधान है।[150] वानप्रस्थ संन्यास आश्रम का पूर्व अभ्यास मात्र ही है। अत: ब्रह्मचर्य से सीधे संन्यास शास्त्र एवं तर्क संगत है। तीसरा मत है कि गृहस्थ के बाद सीधा संन्यास लिया जा सकता है।[151]

मनु महाराज के अनुसार 'जब गृहस्थ अपने शरीर पर झुर्रियाँ देखें, उसके बाल पक जाएं और जब उसके पुत्रों के पुत्र हो जाएँ तो उसे वन की राह लेनी चाहिए।'[152] महाभारत के शान्ति पर्व में भी इसी प्रकार से विचार मिलते हैं।[153] महर्षि दयानन्द जी महाराज ने भी उपरोक्त मत से अपनी सहमति प्रकट की है।[154] इस विषय में टीकाकारों के विभिन्न मत हैं। कोई तीनों दशाओं (झुर्रियाँ, केश पक जाना, पौत्र उत्पन्न हो जाना) को, कोई इनमें से किसी एक के उत्पन्न हो जाने को तथा कोई 50 वर्ष की अवस्था प्राप्त हो जाने को, वानप्रस्थ वन जाने का उपयुक्त समय समझता है। कुल्लूक (मनु 3/50) ने एक स्मृति का उद्धरण देकर 50 वर्ष की अवस्था को वानप्रस्थ के लिए उपयुक्त ठहराया है।[155]

वानप्रस्थ के नियम अति कठोर होते थे, जो निम्न प्रकार से हैं–(1)वानप्रस्थ में सपत्नीक प्रवेश करें अथवा पत्नी घर पर छोड़कर स्वयं वन को प्रस्थान कर जाएं। दोनों प्रकार के उदाहरण मिलते हैं। महाभारत में ययाति,[156] वृहद्रथ,[157] पांडु,[158] धृतराष्ट्र[159] एवं पांडव[160] सपत्नीक वन गए थे। याज्ञवल्क्य तथा मनु के अनुसार 'अपनी पत्नी की पुत्रों में छोड़कर अथवा संग में लेके वन को जावें।[161]' यह इच्छा पर निर्भर करता है, परन्तु पत्नी युवती हो तो वह पुत्रों के साथ रह सकती है। बूढ़ी हो तो वह पति का अनुसरण कर सकती है।[162]

(2) प्रति दिन पंच महायज्ञ करने चाहिए। देव, ऋषि, पितर, अतिथि एवं प्राणि सभी को यथायोग्य देने का विधान है। कन्द, मूल, फल एवं वनस्पति से सत्कार करना चाहिए।[163]

(3) वानप्रस्थी के लिए मनु ने विधान दिया है कि जब गृहस्थ वानप्रस्थ होने की इच्छा करे तब अग्निहोत्र की सामग्री सहित लेवे गाँव से निकल जंगल में जितेन्द्रिय

होकर निवास करें।[167] वन में पहुँच जाने पर व्यक्ति को अमावस्या-पूर्णिमा के दिन श्रोत यज्ञ करने चाहिए।[165]

(4) वानप्रस्थी को अपने गाँव का भोजनादि सभी सुख सुविधाओं का उपयोग नहीं करना चाहिए। भूमि और जल में उत्पन्न शाकों को, पवित्र वृक्षों से उत्पन्न होने वाले फूल, कन्दमूल और फलों को और फूलों से उत्पन्न होने वाले तैलों या उनके नीवार, श्यामाक आदि अनाजों पर निर्भर रहना चाहिए। परन्तु शराब मांस, भूमि में उत्पन्न होने वाला कुकुरमुत्ता, भूस्तृण नामक शाक विशेष सहिंजन और लसौडे का फल न खाएँ।[166] मनु जी महाराज के अनुसार अपना बनाया नमक खा सकता है।

(5) वानप्रस्थी रात या दिन में केवल एकबार खा सकता है या एक दिन या तीन दिनों में अन्तर पर खा सकता है।[167] उसे अधिकाधिक जल या वायु पर ही निर्भर रहना चाहिए।[168]

(6) पहले इकट्ठे किए हुए पुराने वस्त्रों को तथा पूर्व संचित शाक, कन्दमूल, फलों को आश्विन के मास में वितरित कर देना चाहिए[169] वानप्रस्थी को शनै-शनै अपरिग्रह का अभ्यास करना अभीष्ट है।

(7) उसे मृगचर्म, वृक्ष की छाल या कुश से शरीर ढकना, प्रात:काल तथा सायंकाल स्नान करे और सदा सिर के बाल, दाढ़ी मूँछ, लोम और नखों को रखे।[170]

(8) भूमि पर लेटे, अपना दिन में कुछ समय पैरों पर खड़ा रहे कभी आसन पर बैठकर कभी उठकर प्रात: सायं दोपहर कालों में स्नान करें। सुख प्रदान करने वाली वस्तु से दूर रहें।[171] तथा क्रमश: अपने तप को बढ़ाता हुआ ग्रीष्म ऋतु में पंचाग्नियों में तपे वर्षा ऋतु में बरसात में नग्न होकर बैठे हेमन्त ऋतु में गीले कपड़े धारण कर रखे अर्थात् कठिन तपस्या पूर्ण जीवन व्यतीत करना चाहिए।[172]

(9) वानप्रस्थी को वेदाध्ययन में श्रद्धा रखनी चाहिए और वेद का मौन पाठ करना चाहिए।[173] तथा शरीर की पवित्रता, ज्ञान वर्धन एवं अन्त में मोक्ष पद-प्राप्ति के लिए उपनिषदों का पाठ करना चाहिए।[174]

(10) वानप्रस्थी को वन में रहने का विधान स्मृतियों तथा धर्मग्रन्थों में दिया गया है। वानप्रस्थ से सहज ही स्पष्ट है कि वन के लिए प्रस्थान। ब्रह्मचर्य आश्रम में जो वेदाध्ययन पर ज्ञान अर्जित किया था, गृहस्थ के व्यस्त तथा झंझट पूर्ण जीवन होने के कारण विस्तृत हो गया उसे वन के एकान्तिक जीवन में पुन: स्मरण कर पढ़ते-पढ़ाते हुए जीवनयापन करना चाहिए।

(11) यदि वानप्रस्थी किसी असाध्य रोग से पीड़ित हो और कर्तव्य कर्म नहीं कर पाता। अपनी मृत्यु को समीप आई समझता है, उसे उत्तर पूर्व की ओर मुख करके महाप्रस्थान कर देना चाहिए और केवल जल एवं वायु पर रहना चाहिए जब तक उसका अन्त न हो जाता।[175]

वानप्रस्थ का अधिकार केवल द्विज को ही प्राप्त है।[176] स्त्रियाँ भी वानप्रस्थ आश्रम में प्रवेश कर सकती थी। श्रीकृष्ण जी महाराज के स्वर्ग गमन के उपरान्त उनकी पत्नी सत्यभामा आदि पत्नियाँ वन में चली गईं और कठिन तपस्या में लीन हो गईं। पाण्डु की मृत्यु के उपरान्त सत्यवती अपनी दो पुत्रवधुओं के साथ तप करने को वन चली गईं और वहीं मर गईं।[177]

धर्मसूत्रों तथा मनुस्मृति आदि ग्रन्थों में वानप्रस्थी के अनेक प्रकारों पर प्रकाश डाला गया है। बौधायन धर्मसूत्र[178] के अनुसार दो प्रकार के वानप्रस्थी होते हैं। पचमानक जो पका हुआ भोजन या फल खाते हैं। अपचमानक–जो बिना पका भोजन करते हैं।

पचमानक के भेदों में सर्वारण्यक और वैतुषिक मुख्य माने गए हैं। ये लोग केवल फलों, कन्दमूलों आदि पर निर्भर रहते हैं या केवल शाक पर निर्वाह करते हैं। सर्वारण्यक दो प्रकार के होते हैं। इन्द्रावसिक्त वे लोग होते हैं। जो लता, गुल्म आदि लाकर पकाते हैं, उनसे अग्निहोत्र करते हैं और उन्हें अतिथि को समर्पित कर स्वयं खाते हैं। रेतोबसिक्त जो व्याघ्रों, भेडियों एवं बाज द्वारा मारे गए जन्तुओं का मांस खाते हैं, पकाकर अग्नि को चढ़ाते हैं और स्वयं खाते हैं। अपचमानक के पांच प्रकार हैं– उन्मज्जक, प्रवृत्ताशिनः मुखेनादायिनः, तोयाहार व वायुभक्ष। **उन्मज्वक–** वे वानप्रस्थी हैं जो भोजन रखने के लिए लोहे या पत्थर का साधन नहीं रखते। **प्रवृत्ताशिनः** जो बिना पात्र लिए केवल हाथ में ही लेकर खाते हैं। **मुखेनादायिनः** – जो बिना हाथ के प्रयोग के पशुओं की भांति केवल मुख से खाते हैं। **तोयाहार** –जो केवल जल पीते हैं। **वायु भक्ष** – जो पूर्ण रूप से उपवास करते हैं।[179] बृहत्पराशर ने वानप्रस्थो के चार प्रकार बताए हैं।[180]

संन्यास

संन्यास–(सम् + नि + अस् + घञ्)[181]

संन्यास का शाब्दिक है (सम् + न्यास) सम्यक् रूप से त्याग। संन्यास चतुर्थ आश्रम है। जो वैदिक युग से चला आ रहा है। ऋग्वेद में मुनियों[182] और यतियों[183] के उल्लेख हैं जो उस युग के तपस्वी थे। हड़प्पा एवं मोहनजोदड़ो से प्राप्त मुहरों

पशुपतिनाथ एवं श्मश्रु युक्त पुरोहितों के चित्रण से इस बात की पुष्टि होती है कि हड़प्पा कालीन संस्कृति में भी तपस्वी होते थे। यह तो स्पष्ट ही है कि हड़प्पा संस्कृति एवं सभ्यता तथा ऋग्वेदिक सभ्यता एवं संस्कृति परस्पर सहयोगी हैं अर्थात् एक ही है। इन दोनों सभ्यता एवं संस्कृति में कोई भी भेद नहीं है। यद्यपि कुछ विद्वान इससे सहमत नहीं हैं। यहाँ पर इसका विशद वर्णन करना तर्क संगत नहीं है। तपस्वी के लिए अभीष्ट था कि वह मृग चर्म धारण करते, शुभश्रु बढ़ाते, तप करते तथा सांसारिक सुखोपभोगों से विरक्त रहा करते थे।[184] संन्यास आश्रम की उत्पत्ति तथा विकास के सम्बन्ध में चर्चा आश्रम व्यवस्था की उत्पत्ति एवं विकास तथा आश्रम के प्रकार के अन्तर्गत की जा चुकी है। प्रश्न उठता है कि संन्यास आश्रम में प्रवेश के पूर्व सभी तीनों आश्रमों से होकर आना आवश्यक है अथवा ब्रह्मचर्य से सीधे संन्यास में प्रवेश करना चाहिए। एक मत यह है कि गृहस्थाश्रम के बाद संन्यास ले लिया जाए। मनु के अनुसार जंगलों में आयु का तीसरा भाग अर्थात अधिक-से-अधिक पच्चीस वर्ष अथवा न्यून से न्यून बारह वर्ष पश्चात् सब मोह आदि सगों को छोड़कर संन्यासी हो जावें।[185] महर्षि दयानन्द सरस्वती जी महाराज का मत है कि बाल्यावस्था में विरक्त होकर विषयों में फंसे महापापी और जो न फंसे वह महा पुण्यात्मा सत्पुरुष।[186] महर्षि दयानन्द जी महाराज तीनों ही मतों के पक्षधर हैं। उनके अनुसार 'जिस दिन वैराग्य प्राप्त हो उसी दिन घर व वन से संन्यास ग्रहण कर लेवें। पहिले संन्यास का पक्षक्रम कहा और इसमें विकल्प अर्थात वानप्रस्थ न करें, गृहस्थाश्रम से ही संन्यास ग्रहण करें और तृतीय से ही पक्ष यह है कि जो पूर्ण विद्वान जितेन्द्रिय विषय भोग की कामना से रहित परोपकार करने की इच्छा से युक्त पुरुष हो, वह ब्रह्मचर्याश्रम ही से संन्यास लेवें और वेदों में भी 'यतय ब्राह्मणस्य विजानतः' इत्यादि पदों से संन्यास का विधान है।[187] परन्तु पाखंड एवं आडम्बर पूर्ण संन्यासी की कटु आलोचना करते हुए कठोपनिषद का उद्धरण प्रस्तुत करते हैं कि 'जो दुराचार से पृथक नहीं, जिसको शान्ति नहीं, जिसका आत्माभोगी नहीं और जिसका मन शान्त नहीं है, वह संन्यास ले के भी प्रज्ञान से परमात्मा को प्राप्त नहीं होता।'[188]

संन्यास की समाज में क्या महत्ता एवं आवश्यकता है? इस पर भी महर्षि पूज्यवर स्वामी दयानन्द सरस्वती जी महाराज के विचार अत्यधिक महत्त्वपूर्ण हैं। जैसे शरीर में शिर की आवश्यकता है। वैसे ही आश्रमों में संन्यास-आश्रम की आवश्यकता है, क्योंकि इसके बिना विद्या धर्म कभी नहीं बढ़ सकता और दूसरे आश्रम को विद्या ग्रहण, गृहकृत्य और तपश्चर्यादि का सम्बन्ध होने से अवकाश बहुत कम मिलता है। पक्षपात छोड़कर वर्तना दूसरे आश्रमों को दुष्कर है। जैसे सन्यासी सर्वतो मुक्त

होकर जगत का उपकार करता है अन्य आश्रमी नहीं कर सकता। परन्तु जो ब्रह्मचर्य से सन्यासी होकर जगत को सत्य शिक्षा करके जितनी उन्नति कर सकता है, उतनी गृहस्थ वा वानप्रस्थ आश्रम करके संन्यासाश्रमी नहीं कर सकता। संन्यासी समाज के सामने त्याग, वैराग्य, नैतिकता का एक उच्च आदर्श प्रस्तुत करता है जिससे प्रेरित होकर समाज प्राप्त साधनों का त्याग पूर्व उपयोग का पाठ सीखता है। संन्यासी के बिना हिन्दू सामाजिक व्यवस्था का संतुलन बिगड़ जाएगा। मोक्ष जो प्रत्येक प्राणी का अन्तिम लक्ष्य है जिसे प्राप्त करने का साधन तथा रहस्य जो आज तक परम्परागत रूप से अक्षुण्ण बना हुआ है केवल इसका श्रेय संन्यासी को ही है। इस प्रकार से संन्यास का समाज के लिए अत्यधिक महत्त्व है।

संन्यास केवल द्विज ही धारण कर सकते हैं अथवा मात्र ब्राह्मण? यह एक विवादास्पद प्रश्न है। वर्ण व्यवस्था गुण कर्मानुसार होने पर द्विज सन्यास का अधिकारी है। शूद्र को सन्यास के अधिकारों से वंचित रखना एकदम उचित है, परन्तु वर्ण व्यवस्था (जो बाद में जन्मना हो गई थी) के आधार पर शूद्र को भी संन्यास का अधिकार मिलना चाहिए क्योंकि ब्राह्मण कुल में उत्पन्न होकर ब्राह्मण के कार्य न करना तथा शूद्र कुल उत्पन्न होकर ब्राह्मण जैसा जीवन यापन करना ये दोनों बातें विचारणीय हैं। श्रुतियों ने तो केवल ब्राह्मण को ही संन्यास के योग्य माना है।[189] मनुस्मृति भी इस मत का समर्थन करती है।[190] मेघातिथि, मिताक्षरा, मदन पारिजात तथा स्मृति मुक्ताफल ने केवल ब्राह्मण को ही संन्यास के योग्य ठहराया है। महाभारत[191] तथा स्मृति-चन्द्रिका[192] द्विज को संन्यासाश्रम के योग्य माना है। याज्ञवल्क्य के अनुसार द्विज की मन:शुद्धि का एकमात्र सफल संन्यास के योग्य माना है।[193] कूर्म पुराण भी इसी मत का समर्थन करती है।[194] लगभग सभी धर्मग्रन्थों ने शूद्र को संन्यास के अधिकार से वंचित किया है, परन्तु अपवादस्वरूप उदाहरण अवश्य मिलते हैं। मनुस्मृति व्याख्या में– मेधातिथि में अन्धे, लूले, लंगड़े, नपुंसक आदि को भी संन्यास के अयोग्य माना है।[195] मिताक्षरा (याज्ञवल्क्य) भी इसी मत का समर्थन करता है।

संन्यासियों के प्रकार के सम्बन्ध में मनु तथा याज्ञवल्क्य दोनों स्मृतियों मौन धारण किए हुए हैं। वैखानस[196] लघु विष्णु[197] सूत्र संहिता[198] तथा भिक्षुकोपनिषद में निम्न चार प्रकार बताए हैं "कुटीचक, बहूदक, हंस तथा परहंस" इनका परिभाषाएँ भी दी हैं। महाभारत में भी उपरोक्त चार प्रकार बताई हैं।[199]

कुटीचक– ग्राम अथवा नगर के बाहर कुटी बनाकर अथवा पुत्रादि द्वारा निर्माण कराकर रहते हैं, तथा अपने घर से पुत्र प्रदत्त अथवा बंधुगणों से प्रदत्त भिक्षा ग्रहण करते हैं। पुत्रादि आत्मीय वर्गों के साथ अन्य किसी भी प्रकार का सम्बन्ध

नहीं रखते। योगाभ्यास तथा स्वाध्याय, ब्रह्मचर्यनिष्ठ हो करके आत्मोन्नति के साधन में संलग्न हो जाते हैं। शिखा, जनेऊ, त्रिदण्ड, कमण्डल धारण करता है।

बहूदक– कुटी के वास को छोड़कर तीर्थ भ्रमण करते हैं। पुत्रादि आत्मीय वर्ग के साथ सम्पर्क सर्वधा त्याग कर सप्तगृहों से मधुकरी भिक्षा का आचरण करते हैं। बहुदक, काशाय, कमण्डलु तथा त्रिदण्ड धारण करता है।

हंस– बौधायन के मतानुसार वह ग्राम एवं तीर्थ मे एक रात और नगर में पांच रात तक वास कर सकता है। तीन दिन, एक पक्ष, अथवा एक मास उपवास करके कृशतनु होकर रहे काषाय, एक दण्डी हो। केवल भिक्षाटन के लिए ही ग्राम में प्रवेश करते हैं नहीं तो गुफा, नदी तट पर या पेड़ के नीचे रहते हैं।

परमहंस– सदैव पेड़ के नीचे खाली मकान या श्मशान में निवास करते हैं। या वे नंगे रहते हैं या वस्त्र धारण करते हैं। सभी प्रकार द्वन्द्वों तथा द्वैतों के परे रहते हैं। एकत्व के भाव में रहते हैं। सबकी आत्मा समान समझते हैं। सभी वर्णों के यहाँ भिक्षा करते हैं।

संन्यास के धर्म के सम्बन्ध में धर्मसूत्रों, स्मृतियों, पुराणों, महाभारत तथा रामायण आदि में स्पष्ट रूप से वर्णन मिलता है। संन्यासी के कर्तव्य इस प्रकार से हैं।

(1) मनु तथा याज्ञवल्क्य के मतानुसार संन्यास आश्रम ग्रहण करने के लिए प्रजापति के लिए यज्ञ करना चाहिए और अपनी सम्पूर्ण सम्पत्ति, पुरोहित दरिद्रों तथा असहायों में बाँट देनी चाहिए।[200]

(2) नरसिंह पुराण (60/2-4) में सन्यास आश्रम में प्रविष्ट होने से पूर्व आठ प्रकार के श्राद्ध करने का विधान है। आठ प्रकार के श्राद्ध ये हैं– देव श्राद्ध (वस्तुओं, रुद्रों एवं आदित्यों को) आर्य श्राद्ध (मरीचि आदि दस ऋषियों को) दिक् श्राद्ध (हिरण्यगर्भ एवं वैराज को) मानुष श्राद्ध (जनक सनन्दन आदि को) भौतिक श्राद्ध (पंचभूतों, पृथ्वी आदि को) पैतृक श्राद्ध (कव्यवाह, अग्नि, सोम आदि पितरों को) मातृ श्राद्ध (गौरी पद्मा आदि दस माताओं को) तथा आत्मश्राद्ध (परमात्मा) को।

(3) मनु के अनुसार तीन ऋणों को चुकाकर मन को मोक्ष में लगाएं। ऋणों को न चुकाकर मोक्ष को (संन्यास) को चाहने वाला व्यक्ति अधोगति को प्राप्त करता है। संन्यास के अधिकारी की योग्यता पर प्रकाश डालते हुए मनु जी महाराज स्पष्ट कहते हैं कि 'जो द्विज वेदों को न पढ़कर तथा पुत्रोत्पत्ति न करके और यज्ञों को न करके संन्यास चाहता है। वह अधोगति को प्राप्त करता है।[202]'

(4) संन्यासी को इष्ट है कि वह समस्त पारिवारिक सम्बन्धों को भुलाकर गृहस्थाश्रम में अर्जित सम्पत्ति का मोह छोड़कर अकिंचन हो गाँव से बाहर पेड़ के नीचे अथवा परित्यक्त घर में रहना चाहिए तथा एक स्थान पर एक दिन से अधिक समय तक वास न करें। केवल वर्षा काल में चार्तुमास का विधान हैं।[203]

(5) संन्यासी को सदा अकेले घूमना चाहिए नहीं तो मोह एवं विछोह से वह पीड़ित हो सकता है। दक्ष के मतानुसार 'सच्चा संन्यासी अकेला रहता है। जबकि एक साथ टिकते हैं तो दोनों एक जोड़ा हो जाते हैं, जब तीन साथ टिकते हैं तो वे ग्राम के समान हो जाते हैं, जब अधिक (अर्थात् तीन से अधिक) एक साथ टिकते हैं तो वे नगर के समान हो जाते हैं। तपस्वी को जोड़ा, ग्राम व नगर नहीं बनाना चाहिए नहीं तो वैसा करने पर वह धर्मच्युत हो जाएगा क्योंकि दो के साथ रहने से राज वार्ता होने लगती है एक दूसरे की भिक्षा के विषय में चर्चा होने लगती है और अत्यधिक सान्निध्य से स्नेह, ईर्ष्या, दुष्टता आदि मनों भावों की उत्पत्ति हो जाती है। संन्यासी के लिए मात्र चार कार्य करने का उपदेश है, ध्यान, शौच, एकान्तशीलता[204] नारद के अनुसार यतियों के लिए छः प्रकार के कार्य राजदण्डवत अनिवार्य माने गए हैं भिक्षाटन, जप,ध्यान, स्नान, शौच, देवार्चन।'[205]

(6) नारद परिव्रज्कोपनिषद के अनुसार संन्यासी किसी स्त्री से बात न करे। पूर्व परिचित किसी स्त्री का स्मरण न करे। स्त्रियों के चित्रों को भी न देखे तथा स्त्रियों से सम्बन्धित चर्चा भी न सुने। क्योंकि इससे मन में विकारों की उत्पत्ति होती है और वह योग भ्रष्टता का कारण होता है। स्त्रियों से वार्तालाप एवं नृत्य गान से दूर रहे। स्त्री को भुजंगिनी के समान भयंकर माने। मनु जी महाराज के अनुसार भी संन्यासी को पूर्ण ब्रह्मचारी रहना चाहिए तथा सदा ध्यान एवं आध्यात्मिक ज्ञान के प्रति भक्ति रखनी चाहिए, एवं इन्द्रिय सुख आनन्दप्रद वस्तुओं से दूर रहना चाहिए।[206]

(7) संन्यासी को भिक्षा के लिए केवल एक बार गाँव में जाना चाहिए, वर्षा को छोड़कर रात्रि के समय ग्राम में नहीं रहना चाहिए। किन्तु यदि रुकना ही पड़े तो एक रात्रि से अधिक नहीं रुकना चाहिए।[207]

(8) वशिष्ठ धर्मसूत्र के अनुसार संन्यासी को पूर्व योजना के सात घरों से भिक्षा माँगनी चाहिए।[208] बौधायन धर्मसूत्र (2/10/57-58) के मत से शालीन एवं यायावर प्रकार के ब्राह्मणगृहस्थों के यहाँ ही भिक्षा के लिए जाना चाहिए और उतने ही समय तक रुकना चाहिए जितने में गाय दुह

ली जाती है। अन्य मतों के अनुसार किसी भी वर्ण के यहाँ भिक्षा माँग सकता है परन्तु भोजन केवल द्विज के यहाँ कर सकता है। उशना के अनुसार भिक्षा से प्राप्त भोजन पांच प्रकार का होता है–(1) प्राक्प्रणीत (जब शयन से उठने के पूर्व ही भक्तों द्वारा भोजन के लिए प्रार्थना की जाती है) (2) अयाचित (भिक्षाटन करने के लिए उठने के पूर्व ही जब कोई भोजन के लिए निमन्त्रित कर दे) (3) तात्कालिक (संन्यासी के पहुँचते ही जब कोई ब्राह्मण भोजन करने की सूचना दे दे) (4) उपपन्न (भक्त शिष्यों का अन्य लोगों के द्वारा मठ में लाया गया पक्का भोजन) (5) स्मृति मुक्ताफल एवं यति धर्म संग्रह के विचार भी उशना के इस मत से शत प्रतिशत सहमति प्रकट करते हैं।[209]

(9) जब घर में रसोई बनाने का धुआं उठना बंद हो गया हो। जब मूसल की आवाज न आती हो। जब भोजन पकाने वाली अग्नि बुझ गई हो। परिवार के लोगों ने खाना खा लिया हो, खाने के बर्तन खाना खाकर डाल दिए हो ऐसे समय संन्यासी सदा भिक्षा माँगे।[210] संन्यासी को भिक्षा के न मिलने पर दुखी न हो और मिलने पर प्रसन्नता अनुभव न करें, अधिक–कम, अच्छी बुरी भिक्षा का मोह न करके अर्थात् जैसी भी भिक्षा मिल जाए उसे ग्रहण करके केवल अपनी प्राण यात्रा को चलाने योग्य भिक्षा प्राप्त करे।

(10) संन्यासी को पूर्णतः अपरिग्रही होना चाहिए। मात्र जलपात्र (कमण्डलु) जीर्ण शीर्ण[211] परिधान ही रखना चाहिए।[212] देवल (मिताक्षरा द्वारा उद्धृत याज्ञवल्क्य 3/58) के मत से उसके पास केवल जलपात्र, पवित्र (जल छानने के लिए वस्त्र) पादुका, आसन एवं कन्था होनी चाहिए।

(11) आपस्तम्ब धर्मसूत्र अनुसारेण संन्यासी को दिगम्बर होना चाहिए।[213] अथवा केवल गुप्तांग ढकने के लिए एक लगोटी मात्र धारण करनी चाहिए। बौधायन धर्मसूत्र के अनुसार उसका वस्त्र काषाय होना चाहिए।[214]

(12) यज्ञ सम्बन्धी और देवता सम्बन्धी तथा वेदों में जो परमात्मा सम्बन्धी वर्णन हैं ऐसे वेद मन्त्रों को निरन्तर जाप किया करे।[215] इसके अतिरिक्त संन्यासी को मौन ही रहना श्रेयस्कर है।[216]

(13) याज्ञवल्क्य (3/58) के अनुसार उसे त्रिदण्डी होना चाहिए, किन्तु मनु (6/52) ने उसे दण्डी (एक छड़ी लेकर चलने वाला) ही कहा है। 'दण्ड' शब्द दो अर्थों में प्रयुक्त होता है। (1) बांस का दण्ड (2) नियन्त्रण। बौधायन धर्मसूत्र (2/10/53) का कहना है कि संन्यासी एक दण्डी या त्रिदण्डी हो सकता है। उसे प्राणियों को वाणी क्रियाओं एवं विचारों से

हानि नहीं पहुँचानी चाहिए (बौधायन धर्मसूत्र 2/6/25) मनु (12/10) एवं दक्ष (7/30) के मत से जो व्यक्ति वाणी, मन एवं शरीर पर संयम या नियन्त्रण रखता है, वहीं त्रिदण्डी है। दक्ष का कहना है कि देव लोग भी जो सत्व गुण वाले होते हैं। इन्द्रिय सुख के वशीभूत हो सकते हैं, तो मनुष्यों का क्या कहना। अत: जिसने आनन्द का स्वाद लेना छोड़ दिया वहीं दण्ड धारण कर सकता है अन्य लोग ऐसा नहीं कर सकते क्योंकि वे भोग विलास के वशीभूत हो सकते हैं। केवल बांस के दण्डों के धारण से कोई संन्यासी त्रिदण्डी नहीं हो सकता वहीं त्रिदण्डी है जो अपने में आध्यात्मिक दण्ड रखता है। बहुत से लोग केवल त्रिदण्ड धारण करके अपनी जीविका चलाते हैं। वाणी के दण्ड या नियन्त्रण का तात्पर्य हैं मौन धारण, कर्म नियन्त्रण किसी जीव को हानि न पहुँचाना तथा मानसिक नियन्त्रण है प्राणायाम एवं अन्य भौगिक अभ्यास आदि करना।[217]

(14) महर्षि दयानन्द सरस्वती जी महाराज ने यजुर्वेद भाष्य में लिखा है कि जो संन्यासी आत्मा में अर्थात् परमेश्वर ही में तथा अपने आत्मा के तुल्य सम्पूर्ण जीव और जगत्स्थ पदार्थों को अनुकूलता से देखता है और सम्पूर्ण प्राणी में परमात्मा को देखता है। इस कारण वह किसी व्यवहार में संशय को प्राप्त नहीं होता अर्थात् परमेश्वर को सर्वव्यापक, सर्वान्तर्यामी, सर्वसाक्षी जान के अपने आत्मा के तुल्य सब प्राणिमात्र को हानि–लाभ, सुख–दुखादि व्यवस्था में देखें वही उत्तम संन्यास धर्म को प्राप्त होता है।[218]

(15) संन्यासी को प्रत्याहार का नित्यप्रति अभ्यास तथा संसार की क्षण–भंगुरता का एकान्त में बैठकर विचार करना चाहिए।[219]

(16) सत्य, अप्रवंचना, क्रोधहीनता, घृति (सदा धैर्य रखना) क्षमा, अस्तेय, शौच (राग, द्वेष पक्षपात छोड़ के भीतर और धूल, मृत्तिका, मार्जन आदि से बाहर की पवित्रता रखनी, इन्द्रिय निग्रह, धी:) मादक द्रव्य, बुद्धिनाशक अन्य पदार्थ, दुष्टों का संग, आलस्य, प्रमाद आदि को छोड़ के श्रेष्ठ पदार्थों का सेवन, सत्पुरुषों का संग, योगाभ्यास से बुद्धि बढ़ाना (विद्या) पृथ्वी से लेके परमेश्वर पर्यत्न यथार्थ ज्ञान और उनसे यथा योग्य उपकार लेना, सत्य जैसा आत्मा में वैसा मन में, जैसा वाणी में वैसा कर्म में वर्तना इससे विपरीत अविधा है। ये सभी वर्णों के धर्म हैं।[220] सन्यासी को इन्हें प्राप्त करना चाहिए।

(17) महर्षि दयानन्द सरस्वती जी महाराज ने सन्यासी के कर्तव्यों पर प्रकाश डालते हुए प्रमुख कर्तव्य इस प्रकार से बताये हैं कि "सन्यासियों से

बड़े-बड़े लाभ होते हैं। सन्यासियों को शरीर-सम्बन्ध तो केवल होता है शेष व्यवसाय उन्हें नहीं होते। उपदेश करना व अधर्म की निवृत्ति करना यह सन्यासियों का मुख्य कर्तव्य कर्म है। अब यदि कोई पूछे कि पुत्रोत्पत्ति बिना जन्म कैसे सफल होगा तो उन्हें यह उत्तर है कि पुत्र दो प्रकार के होते हैं, विद्या और योनि से। इन दो ही सम्बन्धों से पुत्र प्राप्ति होती है। 'गरीयान् ब्रह्मद: पिता।' मूढ़ लोग जनपद में दुराचार कर किसी आपत्ति में पड़ेंगे सो उन्हें सदाचरण की ओर लगाना, यह चतुर्थाश्रम धारी ज्ञानी पुरुष का मुख्य काम है।''[221]

सन्दर्भ

1. डॉ. सीताराम झा, 'भारतीय समाज का स्वरूप', पृ. 54।
2. सर्वतंत्र सिद्धान्त पदार्थ लक्षण संग्रह, पृ. 46।
3. पी.वी.काणे, धर्मशास्त्र का इतिहास, पृ. 267, भाग 1
4. पी.एन. प्रभु, हिन्दू सोशल अर्गेनाइजेशन, पृ. 83।
5. पी.वी काणे, धर्मशास्त्र का इतिहास, पृ. 266, भाग 1
6. डॉ. रविन्द्रनाथ मुखर्जी, 'भारतीय सामाजिक संस्थाएँ', पृ. 54।
7. ऋग्वेद, 10/109/5, 7/56/8।
8. अथर्ववेद 11/5/3-7, 18, 19, 17, 24, 26।
9. ऋग्वेद, 2/1/2, 10/85/36, अथर्ववेद 14/2/32, यजुर्वेद 3/43।
10. पी.वी.काणे, धर्मशास्त्र का इतिहास, प्रथम भाग, पृ. 265।
11. पी.वी.काणे, धर्मशास्त्र का इतिहास, प्रथम भाग, पृ. 265।
12. ऋग्वेद, 10/136/2।
13. ऋग्वेदादिभाष्य भूमिका, महर्षि दयानन्द, पृ. 182-191।
14. महर्षि दयानन्द, वेदार्थ प्रकाश, पृ. 204-225, आर्य साहित्य प्रचार ट्रस्ट प्रकाशक।
15. तैत्तिरीय संहिता, 6/2/75।
16. छान्दोग्योपनिषद, 2/23/1।
17. वेदों में भारतीय संस्कृति, पृ. 227।
18. मुण्डकोपनिषद, 3/2/6।
19. भट्ट गौरीशंकर, भारतीय संस्कृति, पृ. 162।
20. ऐतरेय ब्राह्मण, 7/33/1, वसु योगीराज-इण्डिया ऑफ दि एज ऑफ दि ब्राह्मणाज, कलकत्ता, 1969।
21. बृहदारण्यकोपनिषद, 4/5/2।

22. श्वेताश्वतरोपनिषद, 6/21।
23. जाबालोपनिषद 4।
24. भट्ट गौरीशंकर, भारतीय संस्कृति, पृ. 162।
25. प्रभु अग्निहोत्री, पतंजलि कालीन भारत, पृ. 167, वाशम-दि वण्डर टैट बाज इण्डिया हिन्दी अनुवाद। अद्भुत भारत, पृ. 160।
26. मिश्र जयशंकर, प्राचीन भारत का सामाजिक इतिहास, पृ. 169।
27. सिंह, डॉ. मदन मोहन, बुद्धकालीन समाज और धर्म, पृ. 167।
28. तैत्तिरीय संहिता, 6/3/10/5, बौधायन धर्मसूत्र, 2/9/7-8 मनुस्मृति 4/257, 6/35-36। शान्तिपर्व 61/2, 63/20-21, मि.अय्यर, रंग स्वामी, समआस्पेक्टस ऑफ दी हिन्दु वीऊ ऑफ लाइफ, पृ. 37-39।
29. शान्ति पर्व, 12/14/60।
30. कापडिया, के.एम., भारतवर्ष में विवाह और परिवार, पृ. 82।
31. राधाकृष्णन, एस., दि हिन्दू वीऊ ऑफ लाइफ, पृ. 56-58।
32. शान्ति पर्व, 123/1-2
33. मनुस्मृति, 2/230।
34. छान्दोग्योपनिषद, 2/23/1।
35. पी.एन.प्रभु, हिन्दू सोशल आर्गेनाइजेशन, पृ. 85, मैकडोनेल और कीय वैदिक इन्डेक्स भाग, पृ. 68-69, वैद्य सी.वी., हिस्ट्री ऑफ संस्कृत लिटरेचर भाग 1-2, पृ. 80। डवलपमेंट ऑफ दि सिस्टम ऑफ आश्रमाज, मोदी पी.एम., भट्ट गौरीशंकर, भारतीय संस्कृति, पृ. 162।
36. मनुस्मृति 6/87।
37. महर्षि दयानन्द सरस्वती, ऋग्वेदादिभाष्य, भूमिका, पृ. 183।
38. यजुर्वेद, 36, 26।
39. बाल्मीकि रामायण, 2/98/17।
40. गौतम धर्मसूत्र, 32।
41. आपस्तम्ब धर्मसूत्र, 2, 9, 21, ।
42. यजुर्वेद, 'पश्येमशरदः शतं जीवेम शरदः शत...।' 36/26।
43. कामसूत्र, 1, 11, 1-6।
44. ब्रह्मणे वेदार्थ चर्यम् आचरणीयम्, हलायु कोश, पृ. 484।
45. पतंजति, महाभाष्य, 8/3/86 काशिका।
46. वसु जे. दि रोल ऑफ दि आश्रमाज इन दि लाइफ ऑफ दि एन्सियंट हिन्दूज जनरल ऑफ दि इन्डोलोजिकल एंड ओरियन्टल स्टडीज 42 भाग 3, पृ. 855।
47. मुखर्जी डॉ. रवीन्द्रनाथ, भारतीय सामाजिक संस्थाएँ, पृ. 62।

48. ऋग्वेद, 10/09/9, तैत्तिरीय संहिता 6/3/10/11।
49. अथर्ववेद,6/108/2, 133/3/11/5/1।
50. तैत्तिरीय ब्राह्मण, 3/10/11।
51. शतपथ ब्राह्मण 11,5,6,4, 11,3,3,1, 11,3,3,4, 11,3,3,6-7, 3,6,2,15
52. हारीत धर्मसूत्र दक्ष 1/7, मनुस्मृति 2/242, 43,44।
53. याज्ञवल्क्य स्मृति 1/49।
54. व्यास, 1/49।
55. विष्णु धर्मसूत्र, 28/46।
56. महर्षि दयानन्द सरस्वती, सत्यार्थ प्रकाश तृतीय समुल्लास, पृ. 38।
57. मनुस्मृति, 2/242, 43,44, याज्ञवल्क्य स्मृति 1/49-50, वशिष्ठ 7-5।
58. मनुस्मृति 3/2 इसी श्लोक की कुल्लूक भट्ट की टीका।
59. आश्वलायन गृह्यसूत्र, 1/19/1-6।
60. आश्वलायन गृह्यसूत्र, 1/19/1-6।
61. पारस्कर गृह्यसूत्र, 2/8।
62. आपस्तम्ब धर्मसूत्र, 1/1/2/39, 1/1/3/1-2।
63. आपस्तम्ब धर्मसूत्र, 1/1/3/7-8।
64. आश्वलायन गृह्यसूत्र, 1/19/13, 1/20/1, मनुस्मृति 2/45।
65. गौतम धर्मसूत्र, 1/15, आश्वलायन गृह्यसूत्र, 1/19/11, बौधायन गृह्यसूत्र 2/5/13, मनुस्मृति 2/42, काठक गृह्यसूत्र 41/12।
66. आपस्तम्ब धर्मसूत्र, 1, 2, 31-32।
67. मनुस्मृति, 2/109।
68. कल्याण—अग्निपुराण, गर्ग संहिता अंक, अग्नि पुराण 155, अध्याय, पृ. 267।
69. शतपथ ब्राह्मण, 11,3,3,7।
70. धर्मशास्त्र का इतिहास, पी.वी. काणे, प्रथम भाग, पृ. 226।
71. मनुस्मृति 2/186, 182।
72. मनुस्मृति, 2/165।
73. ???
74. ???
75. विष्णु पुराण, 3.6.27-29।
76. मुखर्जी, राधाकुमुद, एन्सियेन्ट इंडियन एजूकेशन, पृ. 106-110।
77. छान्दोग्योपनिषद, 7/1/2, 7/1/4, 7/7/1।
78. बृहदारण्यलोकनिषद, 2/4/10, 1/1/5।
79. शतपथ ब्राह्मण, 11,5,6,8।

80. पारस्कर गृह्य सूत्र, 2/5।
81. मनुस्मृति 3/1।
82. गौतम धर्मसूत्र, 2/13,4, 8,9,22,23,25।
83. शतपथ ब्राह्मण 11,5,4,16।
84. मनुस्मृति, 2/177, 178, 180।
85. आपस्तम्ब धर्मसूत्र, 1/1/2/21-30, 1/1/3/11-24
86. स्मरणं कीर्तनं केलि: प्रेक्षणं गुहप्तभाषणम्। संकल्पो ध्यवसायश्च क्रियानिवृत्तिरेण च एतन्मैथुनमष्टांग प्रवदन्ति मनीषिण: विपरीतं ब्रह्मचर्यमेत देवाष्ट लक्षणम्।
87. अथर्ववेद, 15/5/7।
88. अथर्ववेद, 11/4/19।
89. अथर्ववेद, 11/5/17।
90. महर्षि दयानन्द सरस्वती, सत्यार्थ प्रकाश, तृतीय समुल्लास, पृ. 32।
91. तैत्तिरीयोपनिषद, शिक्षावली 10/1, 2।
92. डॉ. जायसवाल मंजुला, बाल्मीकि युगीन भारत, पृ. 126।
93. हलायुद्ध कोश, पृ. 280।
94. प्रो. हरिदत्त वेदालंकार, हिन्दू परिवार मीमांसा, पृ. 11।
95. गौतम धर्मसूत्र, 3.3, बौधायन धर्मसूत्र, 2.6.29, 42-43
96. मनुस्मृति, 3/37।
97. मनुस्मृति, 6/90।
98. विष्णु स्मृति, 59/27।
99. वशिष्ठ, 8/15।
100. शंख, 5/5-6।
101. दक्ष, 2/45-48।
102. शान्ति पर्व, 12/18-21।
103. शान्ति पर्व, 12/20।
104. व्यास स्मृति, 4/2-4, 13-14।
105. शान्ति पर्व, 12/8/7।
106. ब्रह्माण्ड पुराण 2.7.172-73, विष्णु पुराण 3.9.11. वायु पुराण 8.172
107. बाल्मीकि रामायण 2/12/84।
108. बाल्मीकि रामायण 2/12/84।
109. बाल्मीकि रामायण 2/98/58।
110. व्यास नानूराम, रामायण कालीन समाज, पृ. 92।
111. प्रो. हरिदत्त वेदालंकार, हिन्दू परिवार मीमांसा, पृ. 13।

112. आपस्तम्ब धर्मसूत्र, 2/1/1/11, गौतम धर्मसूत्र अध्याय 5 व 9, वशिष्ठ धर्मसूत्र 8/1-17, 11/1-48, मनुस्मृति 3/67-118, याज्ञवल्क्य स्मृति 1/96-127 विष्णु धर्मसूत्र 60-71, मार्कण्डेय पुराण, अध्याय 29-30, 34, महाभारत 3/123/4, अनुशासनपर्व 13/123। तैत्तिरीयोपनिषद 1/11/3।
113. मनुस्मृति 6/91-92।
114. मनुस्मृति 4/204।
115. पराशर स्मृति 12/43, नारद स्मृति 3/46-52।
116. मनुस्मृति 4/30।
117. शान्ति पर्व 255/14-15।
118. मनुस्मृति 6/35 व 37।
119. शतपथ ब्राह्मण 11.5-6.1, तैत्तिरीय आरण्यक 2.10, बृहदारण्योपनिषद
120. आपस्तम्ब धर्मसूत्र 1/4/12/13, बौधायन धर्मसूत्र 2/6/1-8, गोभिल स्मृति, 2/26।
121. प्रो. हरिदत्त वेदालंकार, हिन्दू परिवार मीमांसा, प1. 224।
122. महर्षि दयानन्द सरस्वती, संस्कार विधि, पृ. 181।
123. मनुस्मृति, 3/68-71, विष्णु धर्मसूत्र 59/19-20, शंख 5/1-2, मत्स्य पुराण 52/15-16
124. शतपथ ब्राह्मण, 11/5/6/3-8।
25. महर्षि दयानन्द सरस्वती, ऋग्वेदादिभाष्य भूमिका, (पंच महायज्ञ विषय)।
126. पी.वी. काणे, धर्मशास्त्र का इतिहास प्रथम भाग, पृ. 388।
127. महर्षि दयानन्द सरस्वती, सत्यार्थ प्रकाश, चतुर्थ समुल्लास।
128. मनुस्मृति, 3/75-76।
129. ऋग्वेद 10/10/10।
130. मनुस्मृति, 3/82-83।
131. ऋग्वेद 10/1/7/4।
132. मनुस्मृति, 3/82-83, याज्ञवल्क्य स्मृति, 1/103।
133. मनुस्मृति, 3/70।
134. तैत्तिरीयोपनिषद, 2/11/2/2।
135. मनुस्मृति, 3/106।
136. अथर्ववेद, 3/6/25-26।
137. विष्णु धर्मसूत्र।
138. जायसवाल, डॉ. मंजुला, बाल्मीकि युगीन भारत, पृ. 127।
139. महर्षि दयानन्द सरस्वती, सत्यार्थ प्रकाश, पंचम समुल्लास, पृ. 85।

140. गौतम धर्मसूत्र, 3/2।
141. ये नखास्ते वैखानसाः। ये वालास्ते वालखिलयाः। तैत्तिरीयारण्यक, 1/23।
142. बौधायन धर्मसूत्र, 3/6/19।
143. मनुस्मृति 6/21, पराशर माधवीय भाग 2, पृ. 139, वसिष्ठ धर्मसूत्र 9/11।
144. याज्ञवल्क्य स्मृति, 3/45, मिताक्षरा 'वने प्रकर्णेण नियमेन च तिष्ठति चरतीति वन प्रस्थः वनप्रस्थ एव वान प्रस्थः। संज्ञायां दैर्ध्यम्। क्षीर स्वामी ''प्रतिष्ठन्ते अस्मिन प्रस्थः, वनप्रस्थ भवो वानप्रस्थः वैखानसाख्यः''।
145. शाकुन्तलम., 1.27।
146. शान्तिपर्व, 20/6, 26/6।
147. वेदान्तसूत्रभाष्य, शंकराचार्य, 3/4/20।
148. ज्ञानी, वेदकालीन समाज, पृ. 127।
149. जाबालोपनिषद, 4, शतपथ।
150. महर्षि स्वामी दयानन्द सरस्वती, सत्यार्थ प्रकाश, पंचम समुल्लास।
151. याज्ञवल्क्य स्मृति, मिताक्षरा, प्रयश्चिताध्याय, 56।
152. मनुस्मृति 6/2–3।
153. शान्तिपर्व, 236/4–5।
154. महर्षि स्वामी दयानन्द सरस्वती, सत्यार्थ प्रकाश, पंचम समुल्लास।
155. पी.वी. काणे, धर्मशास्त्र का इतिहास प्रथम भाग, पृ. 486।
156. आदि पर्व 80/25।
157. सभा पर्व 17/23।
158. पांडु आदि पर्व 110/36–38, 42–43।
159. आश्रम, 25/19–20।
160. महा प्रस्थान, 1/19, 30।
161. मनुस्मृति 6/3, याज्ञवल्क्य, 3/45।
162. मेधातिथि की मनुस्मृति की टीका।
163. मनुस्मृति 6/6।
164. मनुस्मृति 6/4।
165. मनुस्मृति 6/9–10, याज्ञवल्क्य स्मृति, 3/45।
166. मनुस्मृति 6/13–14, गौतम, 3/26, 28।
167. मनुस्मृति 6/12, मनुस्मृति, 6/19, विष्णु धर्मसूत्र, 95/5–6।
168. आपस्तम्ब धर्मसूत्र, 2/9/23/2, मनुस्मृति, 6/31, विष्णु धर्मसूत्र, 7–12।
169. मनुस्मृति 6/15, आपस्तम्ब धर्मसूत्र, 2/9/22/24।

170. मनुस्मृति 6/6, वसिष्ठ धर्मसूत्र 9/11 शान्ति पर्व 185/1।
171. मनुस्मृति 6/22, 26, याज्ञवल्क्य, 3/51।
172. मनुस्मृति 6/23, 34। याज्ञवल्क्य, 3/52, विष्णु धर्मसूत्र, 95/214।
173. मनुस्मृति 6/8, याज्ञवल्क्य, 3/48, आपस्तम्ब धर्मसूत्र, 2/9/22/9।
174. मनुस्मृति 6/29-30।
175. मनुस्मृति 6/31, याज्ञवल्क्य, 3/55, प्रयश्चिताध्याय।
176. आश्वभेधिक पर्व 35/43।
177. आदिपर्व 126/12-13।
178. बौधायन धर्मसूत्र, 3/3।
179. पी.वी. काणे, धर्मशास्त्र का इतिहास प्रथम भाग, पृ. 485-86।
180. बृहत्पराशर अध्याय 1/8, पृ. 290।
181. हलायुद्ध कोश, पृ. 69।
182. ऋग्वेद, 10/136/2,4।
183. ऋग्वेद, 8/3/9, 8/6/18, 10/72/7।
184. ऐतरेय ब्राह्मण, 7/13।
185. मनुस्मृति 6/33, याज्ञवल्क्य, मिताक्षरा, प्रयश्चिताध्याय, शतपथ का. 14।
186. महर्षि स्वामी दयानन्द सरस्वती, सत्यार्थ प्रकाश, पंचम समुल्लास, पृ. 6।
187. कठोपनिषद वल्ली 2, मन्त्र 24।
188. महर्षि दयानन्द सरस्वती, सत्यार्थ प्रकाश, पंचम समुल्लास, पृ. 86।
189. बृहदारण्यकोपनिषद 4/4/22, 3/5/1, मुण्डकोपनिषद 1/2/12।
190. मनुस्मृति।
191. आदि पर्व 119, शान्ति पर्व 65/16-21।
192. स्मृति चन्द्रिका, 1 पृ. 65।
193. याज्ञवल्क्य, 3/52।
194. कूर्म पुराण उत्तरार्ध 28/2।
195. मनुस्मृति 6/36, मेघातिथि व्याख्या।
196. वैखानस 8/9।
197. लघु विष्णु, 4/14-23
198. सूत्र संहिता मानयोग खण्ड अध्याय 6, कुटी चकाश्च हंसाश्च तथैव च बाहुदका:। सावित्री मात्र सम्पन्ना भवेयुर्माक्ष कारणात्।
199. अनुशासन पर्व, 141/89।
200. मनुस्मृति 6/38, याज्ञवल्क्य, 3/56, विष्णु धर्मसूत्र, 96/1।
201. पी.वी. काणे, धर्मशास्त्र का इतिहास प्रथम भाग, पृ. 491।

202. मनुस्मृति 6/35–37।
203. मनुस्मृति 6/41, 43–44, वसिष्ठ धर्मसूत्र, 10/12–15।
204. दक्ष 7/34–38।
205. पी.वी. काणे, धर्मशास्त्र का इतिहास प्रथम भाग, पृ. 492।
206. मनुस्मृति 6/41, गौतम धर्म सूत्र, 3/11।
207. गौतम धर्म सूत्र, 3/13, मनुस्मृति 6/43, 55।
208. वशिष्ठ धर्मसूत्र, 10/7, शंख 7/3, आदि पर्व 119/12।
209. पी.वी. काणे, धर्मशास्त्र का इतिहास प्रथम भाग, पृ. 492।
210. मनुस्मृति 6/56, याज्ञवल्क्य, 3/53, वशिष्ठ धर्मसूत्र, 10/8।
211. मनुस्मृति 6/57–59, वशिष्ठ 10/21–22, याज्ञवल्क्य 3/59।
212. मनुस्मृति 6/43–44, गौतम धर्मसूत्र 3/10
213. गौतम धर्मसूत्र 3/17–18, आपस्तम्ब धर्मसूत्र, 2/9/21/11–12
214. बौधायन धर्मसूत्र 2/6/24।
215. मनुस्मृति स्मृति तैत्तिरीयोपनिषद, 2/1।
216. आपस्तम्ब धर्मसूत्र 2/9/21/10, बौधायन धर्मसूत्र 2/10/79।
217. पी.वी. काणे, धर्मशास्त्र का इतिहास प्रथम भाग, पृ. 494।
218. महर्षि दयानन्द सरस्वती, यजुर्वेदभाष्य, यजुर्वेद 40/6।
219. मनुस्मृति 6/76–77, विष्णु धर्मसूत्र, 96/24–42।
220. महर्षि दयानन्द सरस्वती, सत्यार्थ प्रकाश पंचम समुल्लास, पृ० 90.
221. महर्षि दयानन्द सरस्वती उपदेशमंजरी, चतुर्थ उपदेश, पृ० 44.

4

पुरुषार्थ

प्राणी मात्र की एक चेष्टा आदि काल से चली आ रही है, वह है सुख की प्राप्ति एवं दुख से निवृत्ति। मनुष्य को कर्म की स्वतन्त्रता तथा चिन्तन की क्षमता प्राप्त होने के कारण उसने अपने जीवन को व्यवस्थित कर उस स्थायी सुख को प्राप्त करने के साधन का अन्वेषण कर लिया। इस दिशा में आगे बढ़ते-बढ़ते शास्त्रकारों के जीवन के एक-एक पल को और प्रत्येक कार्य को इस प्रकार बांध दिया कि कोई भी क्षण अथवा कार्य व्यक्ति 'स्व' में न उपयोग कर 'पर' में उपयोग करे। यही 'स्व' की भावना का ह्रास ही त्याग की वह सीढ़ी है जहां मनुष्य आध्यात्मिकता का अनुभव करने लगता है। इसलिए सारे जीवन को ऋणों (देव ऋण, ऋषि ऋण तथा पितृ ऋण) में बांध दिया गया और उन ऋणों से उऋण होने के लिए यज्ञों की व्यवस्था कर दी गई। इन ऋणों में सम्पूर्ण मानव जीवन को इस प्रकार बांध दिया गया है कि मनुष्य यज्ञ द्वारा मोक्ष की प्राप्ति कर सके। यही ऋणों और यज्ञों की व्यवस्था द्वारा मोक्ष के प्राप्त करने के क्रम के एक व्यवस्थित विधान को पुरुषार्थ कहते हैं।[1] पूर्व मीमांसा सूत्र में पुरुषार्थ की परिभाषा है।[2] शबर ने इस सूत्र की तीन व्याख्याएं उपस्थित की हैं। जिनमें एक है ''पुरुषार्थ वह विषय है जिसके करने पर मनुष्य को स्थायी सुख प्राप्त होता है, क्योंकि सुख को प्राप्त करने की इच्छा से इसे जाना जाता है और पुरुषार्थ (मनुष्य का उद्देश्य) सुख से भिन्न नहीं है।

पुरुषार्थ का अर्थ

''अर्थ्यते प्रार्थ्यते सर्वै इति अर्थ: इस व्युत्पत्ति के अनुसार अभिलाषित फल को (विषयों को) अर्थ कहते हैं।'' पुरुषाणाम् अर्थ: पुरुषार्थ अथवा ''पुरुषैं: अर्थ्यते इति पुरुषार्थ:। इस व्युत्पत्ति के अनुसार जो पुरुषों से चाहा जाय अर्थात् मनुष्य जिस

फल की इच्छा करे उसका नाम है 'पुरुषार्थ'। इस दृष्टि से तो प्राय: संसार भर से सभी विषय पुरुषों को अभिलाषित हैं, परन्तु वेद, शास्त्र एवं तदितर सम्पूर्ण संस्कृत वाङ्मय में पुरुष के - मनुष्य जीवन के सभी अभीष्टों में मुख्य अभीष्ट धर्म, अर्थ, काम, मोक्ष ही हैं।[3] इन चार धर्म, अर्थ, काम, मोक्ष को ही पुरुषार्थ कहते हैं।[4] इनको प्राप्त करने की योग्यता तथा क्षमता केवल पुरुष में ही विद्यमान है। इसीलिए इन्हें पुरुषार्थ कहा जाता है। डा० कापडिया ने चारों पुरुषार्थों (उद्देश्यों) को अति संक्षेप में इस प्रकार समझाया है–

''मोक्ष मानव जीवन के चरम उद्देश्य एवं मानव की आन्तरिक आध्यात्मिक अनुभूति का प्रतीक है। 'अर्थ' मानव के प्राप्त करने के सहज स्वभाव की ओर संकेत करता है तथा उसकी धन के संग्रह, उपभोग व अन्य तत्सम्बन्धी प्रवृत्तियों को बतलाता है। 'काम' मानव के सहज स्वभाव और भावुक जीवन को व्यक्त करता है, तथा उसकी काम भावना और सौन्दर्य प्रियता की प्रवृत्ति की तुष्टि की ओर संकेत करता है। 'अर्थ' और 'काम' ये दोनों इस संसार में मनुष्य के सांसारिक लगाव, कार्यकलाप एवं जीवन की सफलता का प्रतिनिधित्व करते हैं। 'धर्म' मानव की पाशविक और दैवीय प्रकृति के बीच की शृंखला है। श्रीमद-भागवत में भी चारों पुरुषार्थों की प्राप्ति करना ही मनुष्य जीवन का[5] प्रधान लक्ष्य माना है।[6]

धर्म का अर्थ

धारण करना अर्थ का प्रतिपादक कोरत्संज्ञक 'धृञ्ञ धारणे' धृ धातु भ्वादिगणीय है। धृ धातु से ''अर्तिस्तु सु हु सृ ध धि क्षु भा या वा पदि-यक्षिनी भयो मन्'' उणादिगणीय सूत्र द्वारा मन् (म) प्रत्यय करने पर 'सार्व धातु कार्य धातुकयो:' सूत्र से धृ के प्रकार का गुण अर होता है और तब 'धर्म' शब्द की सिद्धि होती है। इस प्रकार 'धर्म' शब्द की व्युत्पत्ति बताई गई है - 'ध्रियते इति धर्मः' अर्थात् जिसके द्वारा अन्य सारे पदार्थ नियमपूर्वक धारण किए जाते हों, वह धर्म है।[7]

'धनाति स्त्रैति, इति धर्म:।' अर्थात जो शक्ति प्राणियों की सुख समृद्धि के लिए सब प्रकार के धन धान्य आदि अभीष्ट वस्तुओं के स्रोत उत्पन्न करती है। उसे धर्म कहते हैं। धर्म का एक नाम 'वृष' भी है। अत: वृष शब्द की व्युत्पत्ति के अनुसार भी धर्म शब्द का यह अर्थ परिपुष्ट होता है। 'वर्षति अभीष्टान् कामान् इति वृष:'। अर्थात् प्राणियों की सुख शान्ति के लिए उनके अभिलाषित पदार्थों की जो वृष्टि करता है- उसको 'वृष' (धर्म) कहते हैं।

धर्म का नाम पुण्य भी है। पुण्य शब्द 'पुत्र पवने' धातु से 'व्यत्' प्रत्यय होकर निष्पन्न हुआ है। पुण्य शब्द की व्युत्पत्ति है – 'पुनाति इति पुण्यम्' अर्थात् जो प्राणियों के मन, बुद्धि, इन्द्रिय, शरीर और कर्म को पवित्र कर दे, उसको 'पुण्य' कहते हैं।

धर्म की परिभाषा में भी मानव समाज के विकास के साथ परिवर्तन होता रहा है। जिसका प्रयोग ऋग्वेद की ऋचाओं में विशेषण के रूप में या यज्ञ के रूप में प्रयुक्त हुआ है। (धर्म) के रूप में तथा सामान्यत: नपुंसक लिंग में। इस शब्द का इस रूप में प्रयोग छप्पन बार हुआ है। ऋग्वेद की कुछ ऋचाओं में यथा 1.187.1, 10.92.2 तथा 10.21.3 में 'धर्म शब्द पुल्लिंग में प्रयुक्त हुआ है, किन्तु अन्य स्थानों में यह या तो नपुंसक लिंग में है या उस रूप में, जिसमें पुल्लिंग एवं नपुंसक दोनों समझ सकते हैं।[9] ऋग्वेद के अधिकांश स्थानों पर धार्मिक विधियों या धार्मिक क्रिया संस्कारों संस्कारों के रूप में ही प्रयुक्त हुआ है। अथर्ववेद में 'धर्म' शब्द का प्रयोग 'धार्मिक क्रिया संस्कार करने में अर्जित गुण' के अर्थ में हुआ है।[10] ऐतरेय ब्राह्मण में 'धर्म' शब्द सकल धार्मिक कर्तव्यों के अर्थ में प्रयुक्त हुआ है।[11] छान्दोग्य उपनिषद में धर्म के तीन आधारभूत स्कन्ध बताये गये हैं। यज्ञ अध्ययन और दान प्रथम स्कन्ध है। तप द्वितीय एवं आचार्य कुल में वास तृतीय स्कन्ध है।[12] तैत्तिरीयोपनिषद में छात्रों के लिये जो 'धर्म' शब्द प्रयुक्त हुआ है उसका तात्पर्य छात्रों को उनके कर्तव्यों, विशेषाधिकार, आचार विधि से अवगत कराना है। यथा धर्म चर, सत्यंवद' आदि।[13] महर्षि कणाद ने धर्म का अर्थ बहुत व्यवहारिक तथा तर्क रूप में प्रस्तुत किया है। उनका धर्म के फल के प्रति दृष्टिकोण बहुत स्पष्ट है। उनके अनुसार 'जिसका आचरण करने से संसार में उत्तम सुख (अभ्युदय) तथा परलोक में मोक्ष (निश्रेयस) सुख की प्राप्ति होती है। उसी का नाम धर्म है[14] महर्षि जैमिनि ने धर्म के प्रभाव और फल दोनों पर दृष्टि रखते हुए इस प्रकार से लक्षण बतलाया है कि ईश्वर ने वेदों में मनुष्यों के लिये जिसके करने की आज्ञा दी है, वहीं धर्म और जिसके करने की प्रेरणा नहीं की है तथा निषेध किया है वह अधर्म कहाता है।[15] महर्षि व्यास ने धर्म शब्द की 'ध्रियतेऽनेन इति धर्म:' इस प्रकार की व्युत्पत्ति को हृदय में रखते हुए 'धारको धर्म:' अर्थात जो प्राणियों का पालन षोषण करता है जो सबका आधार है, यानी अवलम्बन है वह धर्म है। कठोरपनिषद के प्रेय व श्रेय वैशेषिक के अभ्युदय व नि:प्रेयस की भी परस्पर विरोध नहीं है। जिसमें एक को चयन करना दूसरे से वंचित होने के लिए पर्याप्त हो जाता है तथा श्रेय की तुलना में श्रेय को चयन करने वाला लक्ष्य भ्रष्ट हो जाता है।[16] महाभारत शान्तिपर्व में धर्म के विधि और निषेध दोनों पक्षों को ध्यान में रखकर धर्म का निरूपण किया गया है। अपने विधि पक्ष में धर्म शारीरिक, बौद्धिक तथा आध्यात्मिक उन्नति का

साधन है। अपने निषेध पक्ष में धर्म वह है जो किसीको क्लेश न पहुंचाए।[17] मनु[18] जी महाराज ने आचार परमौ धर्मः (आचरण ही परम धर्म है।) कहकर धर्म की एक ही परिभाषा दी, परन्तु उनका ज्यादा झुकाव धर्म के चार स्रोतों तथा दस लक्षणों के प्रति रहा। पाणिनि ने भी 'धर्म' का अर्थ समायाचार या रिवाज, परम्परा प्राप्त आधार आदि किया है।[19] पंतजलि ने धर्म का अर्थ शास्त्रोपदेश, ऋषि-सम्प्रदाय द्वारा प्रचलित आधार किया है।[20]

धर्म के उपादान

मनुस्मृति के अनुसार धर्म के पांच उपादान हैं। सम्पूर्ण वेद और उन वेद वेत्ताओं द्वारा प्रणीत स्मृतियां तथा श्रेष्ठ स्वभाव और सत्पुरुषों का आचरण तथा अपनी आत्मा की प्रसन्नता का होना अर्थात जिस कर्म के करने में भय, शंका, लज्जा न होकर आत्मा को प्रसन्नता अनुभव हो। ये धर्म के उपादान हैं।[21] मनु के मत का समर्थन करते हुए महर्षि याज्ञवल्क्य ने कहा है कि वेद, स्मृति (परम्परा से चला आया हुआ ज्ञान) सदाचार, जो अपने को प्रिय लगे तथा उचित संकल्प से उत्पन्न अभिलाषा या इच्छा ये ही परम्परा से चले आये हुए धर्मोपादान हैं।[22] गौतम धर्मसूत्र के अनुसार वेद धर्म का मूल है।[23] उपर्युक्त प्रमाणों से स्पष्ट है कि धर्म के मूल उपादान वेद, स्मृतियां तथा परम्परा से चला आया शिष्टाचार है। वेद अखिल विश्व के धर्म का मूल है। अन्य सभी तो बाद के उपादान हैं। अतः वेदानुकूल आचरण ही धर्म माना गया है।

धर्म के प्रकार

धर्मशास्त्रों के अनुशीलन से हम धर्म को सामान्यतः तीन भागों में वर्गीकृत कर सकते हैं, जो निम्न प्रकार हैं - (1) सामान्य धर्म (2) विशिष्ट धर्म (3) आपातकालीन धर्म।

1. सामान्य धर्म :- सामान्य धर्म को मानव धर्म भी कहा जाता है क्योंकि यह नैतिक कर्तव्यों के उस विस्तृत क्षेत्र के प्रति संकेत करता है जो कि जाति, प्रान्त, देश काल, धनी या निर्धन, स्त्री अथवा पुरुष, राजा या प्रजा आदि की सीमाओं के अन्दर बद्ध नहीं है। किसी परिवार अथवा देश का ही नहीं है बल्कि सम्पूर्ण मानव जाति का धर्म होने के कारण इसे सार्वभौमिक धर्म भी कह सकते हैं। विद्यापति जी ने भी कहा था कि सर्वश्रेष्ठ मानव धर्म है, उसके ऊपर और कुछ भी नहीं। सच्चाई, अहिंसा, आत्म संयम, प्रतिदिन के जीवन में सदाचार, समूची सृष्टि के लिए तथा मनुष्य मात्र के प्रति उदारता, दया और अनुकम्पा आदि सद्‌गुण, सत्कार्य तथा कर्तव्य

सामान्य धर्म में निहित हैं। यह धर्म हमारे स्वभाव को पुन: ढालने एवं हमारी मूल प्रवृत्तियों को बदलने व निर्मल करने और शोधने का साधन है।[24]

गौतम धर्मसूत्र में सामान्य धर्म को इस प्रकार बताया है – "सब प्राणियों पर दया, क्षमा, अनुसूया, शुचिता, अर्थश्रम वर्जन, शुभ में प्रवृत्ति, दानशीलता और निर्लोभता के आठ गुण हैं।[25] श्रीमद्‌भागवत में सामान्य धर्म के निम्नलिखित भेद बतलाए गये हैं। "सत्य, दया, तपस्या, पवित्रता, तितिक्षा, विवेक, मन का संयम, इन्द्रिय निग्रह, अहिंसा, ब्रह्मचर्य, त्याग, स्वाध्याय, सरलता, सन्तोष, समत्व, सेवा, धैर्य, वैराग्य, मौन, आत्मचिन्तन, सभी प्राणियों में अपने आराध्य को देखना और अन्न देना, महापुरुषों का संग, ईश्वर भक्ति, परमात्म चिन्तन, ईश्वर सेवा, पूजा तथा यज्ञों का निर्वाह, ईश्वर के प्रति दास भाव, ईश्वर वन्दना, ईश्वर प्रणिधान"।[26] महर्षि दयानन्द जी महाराज ने तैत्तिरी-योपनिषद में वर्णित – "ऋत, सत्य, तप, दम, शम, अग्नय, अग्निहोत्र, अग्नियश्च, मानुष, प्रजा" इत्यादि धर्म के वेदोक्त लक्षण माने हैं।[27] याज्ञवल्क्य स्मृति में अहिंसा, सत्य, अस्तेय, शौच, इन्द्रिय-निग्रह, दान, दम, दया और शान्ति को सामान्य धर्म के लक्षण बताया गया है।[28] मनुस्मृति में सामान्य धर्म के दश लक्षण निम्न प्रकाश से बताये हैं। – "धृति, क्षमा, दम, अस्तेय, शौच, इन्द्रियनिग्रह, धी, विद्या, सत्य तथा अक्रोध।" महर्षि दयानन्द सरस्वती जी महाराज ने काशी शास्त्रार्थ में धर्म के उपरोक्त दस लक्षण बताकर पौराणिक विद्वानों को हरा दिया था। मनु जी महाराज द्वारा प्रतिपादित उपरोक्त सामान्य धर्म सभी देश और सभी जाति के सभी सम्प्रदाय वालों को करना आवश्यक है। क्योंकि ये धर्म मनुष्य मात्र के लिए बतलाए गये हैं। महर्षि पंतजलि जी महाराज ने भी यम-नियम के नाम पर वस्तुत: सामान्य धर्म (मानव धर्म) ही बतलाया है।[29] ऋषियों, महर्षियों द्वारा बतलाया गया सामान्य धर्म अखिल विश्व के कल्याण का सरलतम साधन है। जिसके पालन से न केवल मनुष्य मात्र बल्कि सम्पूर्ण जगत का प्राणि मात्र परम सुख, शान्ति का जीवन यापन कर सकता है।

2. विशिष्ट धर्म :- धर्म मानवीय कर्तव्य तथा आचरण से सम्बन्धित जीवन का एक आवश्यक अंग है। जिसके बिना मनुष्य पशु समान है। धर्म की परिभाषा व्यक्ति, समाज तथा देशकाल परिवर्तन के साथ प्राय: परिवर्तित होती आयी है। इसलिए विशिष्ट धर्म को स्व धर्म भी कहा जाता है। क्योंकि व्यक्ति का अपना धर्म होता है। ब्रह्मचारी, गृहस्थ, वानप्रस्थी और सन्यासी के अपने-अपने पृथक धर्म हैं। इसी प्रकार वर्ण व्यवस्था में भी व्यक्ति की स्थिति के अनुसार उसका धर्म है। पिता-पुत्र, भाई अथवा मित्र आदि के रूप में व्यक्ति के धर्म भिन्न-भिन्न रहे हैं। व्यक्ति भिन्न-भिन्न स्थिति में जिन विषयों या नैतिक कर्तव्यों का पालन करता

है वही उसका विशिष्ट धर्म कहलाता है। श्री सद्‌गुरु ओंकार ने लिखा है कि "पूर्व जीवन दर्शन का नाम धर्म है। व्यैक्तिक जीवन की पूर्णता इसी में है कि व्यक्ति अन्तर्द्वन्द्व से मुक्त हो, आत्म तुष्टि का अनुभव करता हुआ अपने समस्त कार्यकलापों का सुसम्पादन कर सके। यही 'स्वधर्म' (विशिष्ट धर्म) का सार है।"[30]

गीता में विशिष्ट धर्म अथवा स्वधर्म पर विशेष बल दिया गया है। भगवान श्री कृष्ण अर्जुन को स्व धर्म से विमुख होने पर स्वधर्म की महत्ता बतलाते हुए कहते हैं। "स्वधर्म का आचरण करें, क्योंकि अच्छी प्रकार आचरण किये हुए दूसरे के धर्म से गुणरहित भी अपना धर्म अति उत्तम है, अपने धर्म का पालन करना भी कल्याण कारक है, और दूसरे का धर्म गुणों वाला होने पर भी भय का देने वाला है।[31] सम्पूर्ण गीता उपदेश मात्र स्वधर्म के पालनार्थ किया गया जब अर्जुन अपने क्षत्रिय धर्म से विमुख होकर जंगल को भाग रहा था तो भगवान श्री कृष्ण जी महाराज ने सारा उपदेश केवल अर्जुन से स्वधर्म की महिमा बताकर उससे क्षात्र धर्म का पालन करवाया। लोकमान्य बाल गंगाधर तिलक जी उपरोक्त गीता श्लोक की व्याख्या में स्वधर्म के व्यापक अर्थ समझाते हुए लिखते हैं कि गीता शास्त्र का व्यापक सिद्धान्त यही है। यदि कहीं चातुवर्ण व्यवस्था प्रचलित न हो अथवा वह किसी गिरी दशा में हों, तो वहां भी तत्कालीन प्रचलित समाज व्यवस्था के अनुसार समाज के धारण-पोषण के जो काम अपने हिस्से में आ पड़े उन्हें कल्याण के लिये धैर्य और उत्साह से तथा निष्काम बुद्धि से कर्तव्य समझकर करते रहना चाहिए, क्योंकि मनुष्य का जन्म उसी काम के लिये हुआ है, न कि केवल सुखोपभोग के लिए। कुछ लोग गीता के स्वधर्म को केवल चातुवर्ण मूलक समझते हैं, लेकिन उनका यह ज्ञान ठीक नहीं है। चाहे समाज हिन्दुओं का हो या म्लेच्छों का, चाहे वह प्राचीन हो या अर्वाचीन, चाहे वह पूर्वीय हो या पश्चिमीय, इसमें सन्देह नहीं कि यदि उस समाज में चातुवर्ण-व्यवस्था प्रचलित हो तो उस व्यवस्था के अनुसार और यदि दूसरी कोई समाज व्यवस्था जारी हो तो उस व्यवस्थानुसार जो काम या कर्तव्य अपने हिस्से में आ पड़े अथवा जिसे हम अपनी रूचि के अनुसार कर्तव्य समझ कर एक बार स्वीकार कर लें, वहीं अपना स्वधर्म हो जाता है और गीता यह कहती है कि किसी भी कारण से इस धर्म को अवसर आने पर छोड़ देना और दूसरे कामों में लग जाना धर्म की तथा सर्वभूताहित की दृष्टि से निन्दनीय है।"[32] स्वधर्म के निर्धारण की समस्या का निवारण करते हुए श्री कृष्ण जी महाराज ने स्पष्ट शब्दों को आदिष्ट करते हुए कहा है कि "कर्तव्य और अकर्तव्य की व्यवस्था में शास्त्र ही प्रमाण है, ऐसा जानकर शास्त्रविधि अनुसार निर्धारित कर्म करना कल्याणकारी है।"[33] शास्त्र को प्रमाण मानने का कारण यही है कि शास्त्र (वेद, उपनिषद,

मनुस्मृति, धर्मसूत्र आदि) चार प्रकार के दोषों रहित निष्पक्ष कल्याणकारी मार्ग का मार्गदर्शन करते हैं। शास्त्र विरुद्ध कर्म भी भर्त्सनीय हैं।

विशिष्ट धर्म की गणना के सम्बन्ध में विद्वानों में मतैक्यता का पर्याप्त अभाव पाया जाता है। मनुस्मृति के व्याख्याता मेधातिथि के अनुसार स्मृतिकारों ने विशिष्ट धर्म के निम्न स्वरूप स्वीकार किये हैं। -(1) वर्ण धर्म (2) आश्रम धर्म (3) नैमित्तिक धर्म (यथा प्रायश्चित (4) गुध धर्म (अभिषिक्त राजा के संरक्षण सम्बन्धी कर्तव्य)[34] डा० जयशंकर मिश्र ने वर्ण धर्म, आश्रय धर्म, कुल धर्म, युग धर्म, राजधर्म और स्वधर्म को विशिष्ट धर्म के अन्तर्गत स्वीकार किया है[35] श्री रवीन्द्रनाथ मुखर्जी ने युग धर्म के स्थान पर काल धर्म एवं देशधर्म का उल्लेख किया है।[36]

3. आपत्तिकालीन धर्मः- आपातकाल में जो आचरण किया जाता है उसे आपद्धर्म कहा जाता है। सामान्य धर्म तथा विशिष्ट धर्म के अतिरिक्त धर्म ग्रन्थों में आपतकालीन धर्म का भी वर्णन समान रूप से मिलता है। मनुस्मृति में क्षत्रिय, ब्राह्मण, वैश्य शूद्र तथा राजा के आपातकालीन धर्मों की स्पष्ट रूप में चर्चा की गई है।[37] परन्तु ऐसी विषम परिस्थिति में जब स्वधर्म एवं सामान्य धर्म से जीवन निर्वाह असम्भव हो जाता है उस समय स्वधर्म तथा सामान्य धर्म की परवाह किये बिना आपत्त धर्म का अनुसरण करना चाहिए। आपात्काले मर्यादा नस्ति'' अर्थात् आपातकाल में कोई मर्यादा नहीं रह जाती। महर्षि दयानन्द सरस्वती जी महाराज मांस भक्षण के कट्टर विरोधी थे, परन्तु ऐसी परिस्थिति में जब मांस भक्षण के अतिरिक्त जीवन रक्षण का कोई साधन न शेष रह जाये। मांस भक्षण की अनुमति प्रदान की है।

धर्म का महत्व

महर्षि कणाद ने धर्म को मनुष्य के इह लौकिक तथा पारलौकिक दोनों उपलब्धियों का साधन माना है।[38] ऋषि चाणक्य ने धर्म को सम्पूर्ण जगत की सुस्थिरता तथा सुख का मूल माना है।[39] (सुखस्य मूलं धर्मः) जैन सम्प्रदाय के आचार्य श्री समन्त भद्र ने धर्म की, प्राणियों को संसार के समस्त दुःखो से छुटाकर उन्हें उत्तम सुख में, आनन्द धाम में पहुंचाने वाला कहा है।[40] धर्म शासक के ऊपर भी शासन करने वाली अदृश्य सत्ता है। मनुष्य को अधोगति से रक्षा करना धर्म का सर्वप्रथम कार्य माना है। मनुस्मृति में धर्म के पालन का महत्व इस प्रकार बताया गया है।'' जो पुरुष धर्म का नाश करता है उसी का नाश धर्म कर देता है और जो धर्म की रक्षा करता है धर्म उसकी रक्षा करता है। इसलिए मारा हुआ धर्म कभी हमको न मार डाले, इस भय से धर्म का हनन अर्थात त्याग कभी न करना चाहिए।''[41] परलोक में केवल

एक धर्म ही सहायक होता है। मरणोपरान्त मनुष्य का केवल धर्म ही सगा होता है। अन्य सभी मित्र, बन्धु तथा सम्बन्धी यहीं रह जाते हैं।[42] धर्मशास्त्रों में धर्म की महिमा का बहुत ही जोरदार शब्दों में गुणगान किया गया है।'' विद्या मित्रं प्रवासेषु धर्मो मित्रं मृतस्य च'' विद्या तो प्रवास काल की मित्र है, परन्तु मृर्त्य का साथी तो धर्म ही है। धर्म रक्षार्थ श्री कृष्ण जी महाराज ने महाभारत जैसी भीषण नरसंहार करवाया था। श्री कृष्ण जी चाहते तो इस नरसंहार से बचा सकते थे, परन्तु साथ ही सर्वत्र अधर्म का साम्राज्य सहज ही व्याप्त हो जाता है। इसलिए धर्म का मनुष्य से ज्यादा महत्व है। धर्म के बिना न तो वैयक्तिक जीवन और न ही सामाजिक जीवन सम्भव है। इसीलिए गांधी जी ने लिखा है ''समाज में से धर्म को निकाल फेंक देने का प्रयत्न बांझ के घर पुत्र पैदा करने के समान ही निष्फल और अगर कहीं सफल हो जाय तो समाज का उससे नाश ही है। इसके अतिरिक्त और कुछ नहीं। धर्म के रूपान्तर हो सकते हैं, उसमें रहे प्रत्यक्ष अन्धविश्वास, सड़न और अपूर्वताएं दूर हो सकती हैं, हुई हैं और होती रहेंगी। परन्तु धर्म तो जब तक जगत है तब तक चलता ही रहेगा क्योंकि जगत का धर्म ही एक आधार है।''[43] महर्षि दयानन्द जी महाराज धर्म के महत्व पर प्रकाश डालते हुए कहते हैं धर्म न्याय अर्थात पक्षपात को छोड़के सत्य का आचरण और असत्य का परित्याग करना सिखाता है। यही सच्चा धर्म है।[44] धर्म की अवहेलना करने से ''नष्टे मूले नैव फलं न पुष्पम्'' की कहावत चरितार्थ हो जायेगी। अत: धर्म की महिमा अपार है। मनुष्य के सदैव, सर्वविध धर्म की रक्षा अर्थात् धर्मानुकूल आचरण करने में तत्पर रहना चाहिए। इसी में सम्पूर्ण विश्व का कल्याण निहित है।

अर्थ

'अर्थ' का अर्थ

(क) उपयाचना अर्थ का बोधक अर्थ् धात चुरादिगणिय है-''अर्थ् उपचांचायाम्।'' इसी अर्थ् धातु से ''अर्क्तरिच कारके संज्ञायाम्'' सूत्र द्वारा छञ् (अ) प्रत्यय करने पर अर्थ शब्द निष्पन्न होता है। यह 'अर्थ' शब्द सुख का साधन 'धन' अर्थ को बताता है। इसी की व्युत्पत्ति बताई गई है - ''उपयाच्यते जनै: इति अर्थ: धनम्'' अर्थात् मनुष्य को जिसकी चाह या मांग हो उसे अर्थ कहते हैं।

(ख) गति तथा प्राप्ति अर्थ का द्योतक ऋ धातु भ्वादिगणीय है ''वा गति प्रायणयो:'' जिसे ऋच्छ आदेश होता है। ऋ धातु से 'उषि-कुषि गति भ्यस्थन्' उणादिगणीय सूत्र द्वारा थन् (थ) प्रत्यय होता है और धातु वाला ऋ का गुण अर् हो जाता है तब अर्थ शब्द बनता है। इस प्रकार 'अर्थ' की व्युत्पत्ति बताई जाती

है "ऋच्छति-गच्छति नैकन्न सततं तिष्ठति य: स अर्थ: धनम्।" अर्थात जो सतत गतिशील हो वह अर्थ (धन) है।[45]

(ग) अर्थ की परिभाषा इस प्रकार से भी की गई है। "जिसके द्वारा मनुष्य के इस लोक और परलोक के समस्त प्रयोजन सिद्ध होते हैं, उसको 'अर्थ' कहते हैं।[46] वात्स्यायन ने अर्थ की परिभाषा को व्यापक रूप से प्रस्तुत करते हुए कहा है कि "विद्या, भूमि, सोना-चांदी, पशु, धन, धान्य, बर्तन-भांडा, लकड़ी, लोहे का सामान ओढ़ना-बिछाना अर्थात् घर-गृहस्थी का सब सामान एवं मित्र का अर्जन और अर्जित का वर्द्धन - यह सब अर्थ है।"[47] चाणक्य ने सांसारिक जीवन का मुख्य प्रवर्तक अर्थ को माना है।[48] अर्थ का शाब्दिक अर्थ स्वीकार करने पर इसका अर्थ - अभिलाषित वस्तु लिया जाता है। अत: जिसको प्राप्त करने की अभिलाषा सभी करते हैं अर्थ कहते हैं।[49] चाणक्य ने अर्थ का सभी के द्वारा अभीप्सित होने के कारण को स्पष्ट करते हुए कहा है कि - "मनुष्य स्वभाव से सुख चाहता है और सुख का मूल धर्म है। परन्तु धर्म का मूल अर्थ है। इसलिए अर्थ में प्रवृत्ति स्वाभाविक ही हो जाती है।[50]

शुक्राचार्य जी ने अर्थ की व्याख्या उन साधनों के आधार पर की है, जिनसे अर्थ की प्राप्ति होती है। उनके अनुसार विद्या, शूरता, दक्षता, बल, धैर्य, मित्र और सहज इनके द्वारा अर्थ की प्राप्ति होती है।[51] महाभारत के शान्तिपर्व में अर्थ के साधनों का निर्देश करते हुए कृषि, वाणिज्य, गोरक्षा और विविध शिल्प को विशेष महत्व दिया गया है।[52]

आधुनिक विद्वानों ने भी अर्थ के महत्व को कम नहीं माना है। महत्व को ध्यान रखते हुए 'अर्थ' की परिभाषा दी है। श्री शिवस्वरूप सहाय ने अर्थ का अर्थ करते हुए कहा है कि - "सामान्य रूप से हमारा अभिप्राय धन से होता है। पर जब इसका अर्थ कुछ व्यापक रूप से विचारा जाय तो अर्थ से अभिप्राय केवल धन से ही नहीं ज्ञात होता परन्तु इसके साथ ही साथ इससे तात्पर्य वैभव, सम्पत्ति तथा शक्ति से है।[53] डा० कपाडिया के अनुसार "मानव में प्राप्त करने की प्रवृत्ति का तुष्टिकरण ही 'अर्थ' है।[54] डा० गोपाल के शब्दों में "अर्थ शब्द धन, सम्पत्ति या मुद्रा का पर्यायवाची नहीं है। यह भौतिक सुखों की सभी आवश्यकताओं और साधनों का द्योतक है। अर्थ मनुष्य की शक्ति एवं ऐश्वर्य प्राप्त करने की इच्छा के लिए प्रयुक्त हुआ है।" जिमर ने अर्थ की परिभाषा इस प्रकार से की है "अर्थ की अवधारणा के अन्तर्गत वे समस्त स्पर्शीय या भौतिक वस्तुएं आ जाती हैं, जिन्हें हम अपने अधिकार में रख सकते हैं तथा जिनमें हम आनन्द ले सकते हैं, और जो खो भी सकता है एवं परिवार के भरण पोषण के लिए, परिवार की समृद्धि के लिए

तथा धार्मिक कर्तव्यों को निभाने के लिए अर्थात जीवन के कर्तव्यों का उचित ढंग से पालन करने के लिए जिनकी आवश्यकता होती है।[55]

अर्थ और भूमि

कौटिल्य ने सब वस्तुओं की अपेक्षा भूमि को सबसे महत्वपूर्ण 'अर्थ' माना है। उनके अर्थ शास्त्रानुसार 'अर्थ' शब्द का मुख्य 'पृथ्वी' है। उनकी धारणा है कि मनुष्यों की समस्त आजीविकाओं का जो मूल आधार अर्थात् उद्गम का क्षेत्र है, जिसमें मनुष्य आदि प्राणियों के रहन-सहन एवं प्राण यात्रा के सम्पूर्ण साधनों का उद्गम होता है।[56] भूमि से ही समस्त प्राणियों की जीविका का आधार अन्न उत्पन्न होता है। अन्न से ही जीवन है। इसी कारण से महर्षि पराशर ने कृषि को सर्वोत्तम कर्म मानते हैं। उन्होंने कृषि की महिमा इन शब्दों में गायी है।'' प्राणियों के हितको दृष्टि में रखते हुए धर्मानुसार यथोचित रीति से कृषि कर्म के द्वारा अन्न का उत्पादन करके खल यज्ञ (खलिहान में याचकों को सन्तुष्ट करना) को पूर्ण करके कृषि के द्वारा मनुष्य सुखोपभोग की सामग्री से सम्पन्न हो जाता है। अत: यदि मनुष्य धर्मानुसार कृषि कार्य करता है, तो फिर कृषि से बढ़कर न कोई धर्म है और न कोई लाभ है।''[57] महर्षि पराशर ने भूमि उपयोगिता को स्पष्ट करते हुए आगे कहा है कि ''कृषि कर्म करने वाला कभी भी नंगा और भूखा नहीं रहता। अतिथि सेवा का अभाव और दु:ख प्राप्ति नहीं होती।''[58] तैत्तिरीय उपनिषद में (अन्नं बहुत कुर्वीत) अन्न को बढ़ाना चाहिए का उपदेश कर भूमि की महत्ता बतलायी गयी है।[59] महर्षि शुक्राचार्य ने भी भूमि के अतिरिक्त अन्य सभी अर्थ गौण मानते हुए भूमि की श्रेष्ठता निम्न शब्दों में बतलाई है।'' यह भूमि सम्पूर्ण प्राणियों के सुखों की खान है। इसी के लिए बड़े-बड़े भूमिपति लोग अपना सर्वस्व नष्ट कर देते हैं। अत: जो व्यक्ति अपने उपभोग के लिए धन और जीविका की तो सुरक्षा करता है, परन्तु अपनी भूमि को सुरक्षित नहीं रखता। उसका धन और जीविका दोनों ही व्यर्थ हैं।[60]

अर्थ प्राप्ति के साधन

अर्थ का पुरुषार्थ चतुष्टय में द्वितीय स्थान है। अर्थात इससे पूर्व धर्म आता है जिसका मुख्य उद्देश्य यह है कि मनुष्य जीवन में भली भांति धर्म को जानकर ही अर्थ काम० मोक्ष की इच्छा करे। अर्थ को धर्मानुकूल ही अर्जना करना चाहिए। धर्मानुकूल अर्जित अर्थ मनुष्य को इस लोक में सुख तथा उत्तम परलोक देने वाला होता है परन्तु अधर्म से अर्जित धन मनुष्य के स्वयं के विनाश का कारण तो बनता ही है साथ में समाज के लिए भी दुख का कारण बन जाता है।

महाभारत के शांति पर्व में धर्मांनुसारेण अर्जित अर्थ के महत्व को इस प्रकार से कहा गया है। "जो अर्थ धर्म से युक्त है, और जो धर्म अर्थ से सम्पन्न हो वह निश्चय ही अमृत के समान है। इसलिए मनुष्य अपने मन को संयम में रखकर जीवन में धर्म को प्रधानता देते हुए, धर्मांचरण करते हुए ही अर्थ का उपार्जन करे। क्योंकि धर्मपरायण पुरुष पर ही समस्त प्राणियों का विश्वास होता है और जब सभी प्राणी विश्वास करने लगते हैं, तब मनुष्य का सारा काम स्वत: सिद्ध होता है।"[61] मनु जी महाराज ने धन प्राप्ति के सात साधन धर्मानुकूल माने हैं – (1) (दाय:) पैतृक धन (2) (लाभ:) लाभ रूप में प्राप्त धन (3) (क्रय:) खरीदा हुआ (4) (जय:) विजय में प्राप्त (5) (प्रयोग:) व्याज आदि में प्राप्त (6) (कर्मयोग) परिश्रम से कमाया गया। (7) (च सत्प्रतिग्रह: एव) केवल श्रेष्ठादान।[62]

मनु जी महाराज ने दस जीवन निर्वाह के हेतु माने हैं जो निम्न प्रकार से हैं। विद्या, शिल्प, नौकरी, सेवा, व्यापार, कृषि, धैर्य, भिक्षा और व्याज।[63] शुक्र ने भी अर्थ अर्जन के विभिन्न साधनों का उल्लेख किया है यथा – सद्विद्या, सत्सेवा, शूरता, कृषि, ब्याज, व्यापार, कला, प्रतिग्रह या इन्हीं के समान अन्य उपाय।[64] इस प्रकार धर्म शास्त्रों में अर्थ अर्जन के साधनों का स्पष्ट रूप से व्याख्यान किया गया है। श्रीमद्भागवत में अर्थ की उत्पत्ति, सद्बुद्धि से मानी है।[65] अर्थात धर्म से ही सद्बुद्धि प्राप्त होती है। इसलिए धर्मानुसार शास्त्र नियत साधनों से धन का अर्जन मनुष्य को इह लेक तथा परलोक दोनों में सहायक सिद्ध होता है। यही अर्थ सम्पूर्ण विश्व के कल्याण का साधन बन सकता है। शुक्राचार्य[66] ने कहा है कि (यथार्थ द्रकमुत्पन्नं यज्ञ: स्वर्ग सुखाय च)।

अर्थ के दोष

अर्थ को धर्म का मूल माना गया है, परन्तु अर्थ के दोष भी कम नहीं हैं। अर्थ के दोषों की ओर संकेत करते हुए भागवत पुराण ने निम्न पन्द्रह दोष बताये हैं – "चोरी, हिंसा, अनृत, दंभ, काम, क्रोध, मद, अहंकार, भेद-बुद्धि, वैर, अविश्वास, स्पर्धा, लम्पटता, छूत, मद्य, आयु दुर्व्यसान आदि।[67] शान्तिपूर्व में कहा गया है कि अर्जित अर्थ को धर्म और काम में न लगाना अर्थात दान सत्कार, परोपकार और अपने उपभोग में उसे खर्च न करना अर्थ का दोष कहा गया है।[68] अर्थ की तीन ही गति मानी गयी हैं, दान, भोग और नाश। जो अर्थ का दान अथवा उचित उपयोग नहीं करता उसकी तीसरी गति (नाश) सुनिश्चित है। अर्थ से मनुष्य में अनेक दोष उत्पन्न हो जाते हैं। विशेषकर मनुष्य को धन का गर्व हो जाता है। जिसे मनुष्य का अधोपतन निश्चित है। गौतम धर्मसूत्र में कहा है कि "मनुष्य को अपनी सम्पन्नता देखकर जब

अधिक खुशी होती है, तो उसके मन में गर्व उत्पन्न हो जाता है। अभिमान हो जाने पर मनुष्य फिर धर्म का अतिक्रमण करने लगता है। धर्म के अतिक्रमण से मनुष्य अधोपतन को प्राप्त होता है।[69] जैन-तीर्थंकर महावीर स्वामी ने भी अर्थ के सम्बन्ध में सचेत करते हुए कहा है कि मनुष्य धन के द्वारा न तो इस लोक में अपनी रक्षा कर सकता है और न परलोक में। क्योंकि जैसे हाथ में दीपक विद्यमान होने पर भी उसके बुझ जाने से सामने का मार्ग दिखलायी नहीं देता वैसे ही धन के असीम मोह से मूढ़ मनुष्य न्याय मार्ग को देखता हुआ भी नहीं देख सकता।[70] अर्थ एक ऐसी औषधि है जो धार्मिक वृत्ति के मनुष्य के हाथ में पड़ने पर स्वयं उसके तथा समाज के कल्याण के लिए सार्थक सिद्ध होती है। अन्यथा विनाश के अतिरिक्त कुछ भी नहीं है। अर्थ के दोषों से बचने के लिए सदैव धर्म का आश्रय लेना ही अभीष्ट है।

अर्थ का महत्व

अर्थ जीवन का आवश्यक पुरुषार्थ है। अर्थ के अभाव में अन्य पुरुषार्थों की प्राप्ति बहुत ही कठिन है, परन्तु शास्त्रकारों ने अर्थ पर आवश्यकता से अधिक महत्व ने देने का उपदेश दिया है, परन्तु इसकी अवहेलना करना भी सर्वथा अनुचित है। नारद स्मृति में अर्थ के महत्व को निम्न शब्दों में बताया गया है कि "मनुष्यों की सारी ही क्रियाऐं अर्थ मूलक हैं। अतएव उसके उपार्जन में मनुष्य को महान प्रयत्न करना चाहिए।[71] महाभारत में भी धर्म का पूर्ण रूप से पालन काफी सीमा तक अर्थ पर आधारित माना है जिसके जीवन में अर्थ का साधन नहीं है वह अपने कर्तव्यों का उचित ढंग से पालन नहीं कर सकता। महर्षि शुक्राचार्य ने भी उपरोक्त मत का समर्थन निम्न शब्दों में किया है। "निर्धन मनुष्य चाहे कितना ही गुणवान भी क्यों न हो तो भी उसके स्त्री, पुत्र और परिवार वाले उसका कुछ भी आदर नहीं करते उसका परित्याग कर देते हैं। अत: जगत् में व्यवहार के लिए धन का बहुत बड़ा महत्व है। इसलिए मनुष्य को सत् उपाय, सत् साहस आदि साधनों के द्वारा अर्थ का उपार्जन अवश्य करना चाहिए।"[72] शुक्रनीति में अर्थ को धर्म, काम और मोक्ष तीनों का आधार माना गया है।[73] मल्लिनाथ सूरि ने अर्थ को धर्म काम दोनों' का आधार माना है। चाणक्य ने अर्थ की प्रशंसा करते हुए कहा है कि "अर्थवान का सभी लोग विशेष सम्मान करते हैं।[74] निर्धनता एक अभिशाप है। निर्धन मनुष्य हताशा एवं निराशा से घिरा रहता है। चाणक्य ने कहा है कि "निर्धन को बुद्धि ही नहीं होती अर्थात हतासा - निराशा के कारण बुद्धि कार्य ही नहीं करती।"[75] दरिद्रता तो मनुष्य के लिए जीते जी ही मरण है।

अत: धर्मानुकूल अर्थ का उपार्जन, संवर्धन, संरक्षण एवं सदुपयोग करना चाहिए सोमदेव सूरी ने अर्थ महत्व बताते हुए यहां तक लिख दिया कि विरक्त सन्यासी भी धनवान लोगों के चाटुकार बन जाते हैं।[76] इसी से शास्त्रों में अर्थ की बड़ी महिमा गायी है। यहां तक कह दिया है कि ''बड़े-बड़े विद्यावृद्ध, तपोवृद्ध और वयोवृद्ध पुरुष भी धनवृद्ध के दरवाजे पर किंकरों के समान, हाथ जोड़े खड़े रहते हैं।[77] शुक्रनीति में स्पष्ट रूप से स्वीकार किया गया है कि ''व्यक्ति अर्थ का दास होता है अर्थ किसी का दास नहीं होता।[5] महाभारत में भी भीष्म पितामह का उदाहरण भी उपरोक्त कथन की पुष्टि करता है। अर्थ मनुष्य जीवन का अत्यन्त आवश्यक अंग है। इसी पर सारा लोक व्यवहार टिका है, परन्तु अर्थ धर्मानुकूल अर्जित तथा क्रय करने पर ही उसकेसमुचित लाभ मिल सकते हैं। तभी वह धर्म का मूल बन सकता है, अन्यथा अधर्म का मूल ही बनकर रह जाता है।

'काम'

काम की परिभाषा

(काम्यते असौ, कर्मणि धा, कामाय हितं, काम+अण)[78]

काम्यते इति काम:

इस व्युत्पत्ति के अनुसार विषय और इन्द्रियों के सम्पर्क से उत्पन्न होने वाला मानसिक आनन्द ही मुख्यतया काम कहलाता है।[79] वात्स्यायन कामसूत्र अनुसारेण काम की परिभाषा इस प्रकार से है - ''वात्स्यायन कामसूत्र अनुसारेण काम की परिभाषा इस प्रकार से है - ''अभिमान युक्त रस से ओतप्रोत समस्त इन्द्रियों की प्रीति, आनन्द या सुख जिससे होता है वह काम है।'' उपरोक्त परिभाषा को सरल करते हुए महर्षि वात्सायन ले लिखा हे कि जिस अभीष्ट विषय में, यानी विशेष प्रकार के स्पर्श सुख में स्वीयत्वाभिमान जनित रस से इससे मुझे सुख मिलेगा इस बुद्धि के साथ इन्द्रिय और मन की परितृप्ति हो उसको 'काम' कहते हैं।[80] काम शब्द का अर्थ इच्छा, कामना, वासना, स्पृहा, तृष्णा, ऐषणा, सुख तथा सुख के साधन आदि हलायुद्ध कोष तथा वैदिक कोष में समान रूप से मान्य है। महाभारत में काम की परिभाषा तथा स्वरूप को इस प्रकार से स्पष्ट किया है कि मन और बुद्धि के साथ पांचों इन्द्रियों का विषयों के साथ जो आनन्द, प्रीति या सुख उत्पन्न होता है वही काम है दूसरे प्रकार से काम का लक्षण करते हुए यह कहा गया है कि विषय और इन्द्रियों के संयोग से जो प्रीति, सुख या आनन्द उत्पन्न होता है वही चित्त का संकल्प है और उसे ही काम कहा जाता है, यह संकल्प रूप है अत: इसका कोई शरीर नहीं होता।[81] काम सम्पूर्ण विश्व के प्रत्येक प्राणी में सूक्ष्म

रूप में उपस्थित है यह धर्मानुकूल होने पर विश्व की सर्जन शक्ति के रूप में होता है तथा धर्म विरुद्ध होने पर संहारक तत्व के रूप में आता है। इतिहास में अनेक ऐसे उदाहरण उपस्थित हैं कि धर्म विरुद्ध काम के दास होकर एक नृप ने दूसरे नृप पर आक्रमण कर मानवता को त्रस्त कर दिया था। इसीलिए गीता में धर्मानुकूल काम को ईश्वर स्वरूप माना है।[82] बृहदारण्यक उपनिषद में भी पुरुष को काम मय बताया है। पुरुष जिस प्रकार की कामना करता है उसी प्रकार की वासना या भावना उत्पन्न होती है, उसी प्रकार का कर्म उत्पन्न होता है और जो कुछ कर्म उत्पन्न होता है, उसे वह पुनः फल के रूप में प्राप्त करता है।[83] ऋग्वेद भी काम की व्यापकता तथा सूक्ष्मता पर प्रकाश डालते हुए कहता है कि काम मन का, चित्त का बीज है, वह परमात्मा के निष्काम हृदय में सदा से ही वर्तमान है। तत्व वेत्ता मनीषियों ने गहरी खोज करके अपने हृदय में सबके बन्धु इस काम को देखा है।[84] मधसूदन सरस्वती जी महाराज ने गीता की टीका में काम की सूक्ष्म परिभाषा इस प्रकार की है। ''विषयों के अनुभव से ओत-प्रोत हुए मन में उन-उन बाह्य विषयों अथवा विषयीजनों के संग से विषयों की अच्छाई का एक असर होकर''अध, यह वस्तु बड़ी सुन्दर है। यह मुझे चाहिए। इत्यादि प्रकार की जो एक सूक्ष्म तृष्णा (अर्थात वासना) उत्पन्न होती है उसको भी 'काम' कहते हैं।[85] काम के सम्बन्ध में मनुस्मृति में भी उल्लेखनीय विचार दिये गये हैं। मनु जी महाराज ने काम को संयमित करने पर बल देते हुए कहा है कि ''अत्यन्त कामातुरता और निष्कामता किसी के लिए भी श्रेष्ठ नहीं, क्योंकि जो कामना न करे तो वेदों का ज्ञान और वेदविहित कर्मादि उत्तम कर्म किसी से न हो सके। इसलिए मैं निष्काम हूं वा हो जाऊं तो वह कभी नहीं हो सकता। क्योंकि सब काम यज्ञ, सत्य भाषणादि, व्रत, यम नियम रूपी धर्म आदि काम से ही उत्पन्न होते हैं।[86] इसलिए काम अत्यन्त आवश्यक है। इसको यदि आवश्यक बुराई कहा जाये तो अनुचित न होगा। क्योंकि काम को संयमित रूप उपयोग करने वाले विरले ही होते हैं। काम के बिना प्राणियों की उत्पत्ति जीवन निर्वाह एवं सुख की प्राप्ति असम्भव है। महाभारत में धर्म को अर्थ का मूल तथा काम को अर्थ का फल बताया गया है।[87] काम पर नियंत्रण करना बच्चों का खेल नहीं है। इसीलिए इसे पुरुषार्थ चतुष्टय में तृतीय स्थान पर रखा गया है। क्योंकि मनुष्य धर्म को समझकर, धर्मानुसार अर्थार्जन कर, उस अर्थ से काम की पूर्ति करेगा तो सम्भव है इस पर नियंत्रण कर सकेगा अन्यथा यह बहुत ही टेढ़ी खीर है। इसीलिए कौटिल्य ने पुरुषार्थों में काम को निरंकुश होने से बचाने के लिए उसे धर्म और अर्थ के अवरोधी रखने का समर्थन कहलवाया है।[88]

काम के प्रकार

काम के प्रकार मुख्य रूप से दो ही हैं। ब्राह्य तथा आन्तरिक काम। परन्तु श्री मधुसूदन सरस्वती जी महाराज ने चार प्रकार बताये हैं, जो निम्न प्रकार हैं–

(1) **सूक्ष्मः**– शरीर रचना होने से पहले जब तक अन्तःकरण की कोई स्थिति नहीं होती तब तक वासनामय काम सूक्ष्म रहता है।

(2) **स्थूलः**– इसके बाद शरीर का आरम्भ करने वाले कर्म से स्थिति प्राप्त किये हुए स्थूल शरीररावच्छिन्न अन्तःकरण में अभिव्यक्त होने पर वह स्थूल हो जाता है।

(3) **स्थूलतरः**– स्थूल काम ही प्रसंगानुसार विषयों का चिन्तन और मनन होते रहने से, पुनः पुनः उद्रेक होने पर स्थूलतर हो जाता है।

(4) **स्थूलतमः**– वही स्थूलतर काम फिर विषयों के उपभोग के समय अत्यन्त उद्‌बुद्ध होकर मन में (स्थूलतम) रूप हो जाता है।[89]

डा० गीतारानी अग्रवाल ने काम के दो प्रकार व्यापक तथा संकुचित माने हैं। व्यापक काम– समस्त इच्छा, आकांक्षा, कामना, अभिलाषा तथा इनकी तुष्टि से होने वाले संतुष्टि स्वरूप सुख हैं। संकुचित काम इन्द्रिय और विषय के सम्पर्क से होने वाले सुख उसमें भी विशेष रूप से यौन सुख हैं।[90] रवीन्द्रनाथ मुखर्जी ने भी काम के दो ही प्रकार माने हैं उनके अनुसार प्रथम काम मूल प्रवृत्यात्मक अर्थात यौन सम्बन्धी जीवन को व्यक्त करता है। द्वितीय काम के भावात्मक तथा सौन्दर्यात्मक रूप को व्यक्त करता है।[91] इस प्रकार से काम के दो ही रूप ज्यादा मान्य हैं। श्री मधुसूदन जी महाराज की व्याख्या अत्यधिक सूक्ष्म तथा दार्शनिक है। दूसरे शब्दों में कह सकते हैं कि उन्होंने धर्मानुकूल तथा धर्म विरुद्ध काम को ही चार प्रकार से स्पष्ट किया है।

काम का मल

धर्म का मल फल ही अभिलाषा अर्थात सकामता अर्थ का मल निगूहन अर्थात अर्थ को दान और भोग में व्यय न करना है। इसी प्रकार धर्म, अर्थ की भांति काम में भी सम्प्रमोह का दोष पाया जाता है। सम्प्रमोह का अर्थ है – दो वस्तुओं का, आत्मा और अनात्मा का अभेद हो जाना। अर्थात आत्मा और अनात्मा को एक रूप समझ लेना। बृहदारण्यकोपनिषद में सम्मूढ़ता को ही संशमोह कहते हैं। सम्प्रमोह का अर्थ है विवेक का अभाव। विवेक के नाश के साथ ही मनुष्य का नाश अवश्यम्भावी है। क्योंकि विवेक विहीन मनुष्य पशु से ही भी निम्नतर हो जाता है। विवेक के विनाश हो जाने पर मनुष्य में 'मोह' उत्पन्न हो जाता है जो अभी क्रोध, लोभ,

इत्यादि आसुरी सम्पदा का जनक है। विवेक विहीनता मोह को जन्म देती है। मोह से काम का जन्म होता है। फिर काम ही क्रोधादि पाशविक वृत्तियों के रूप में विनाश का कारण बन जाती हैं।" सम्मोहित मन विवेक के अभाव में बाह्य जगत के विषयों का चिन्तन करने लगता है जिससे उसमें विष्यासक्ति उत्पन्न हो जाती है। आसक्ति से काम उत्पन्न हो जाता है तथा काम की पूर्ति में व्यवधान पड़ने पर क्रोध उत्पन्न हो जाता है, फिर क्रोध से अत्यन्त मूढ़ता (सम्मोह) उत्पन्न हो जाता है। मूढ़भाव से स्मृति में भ्रम अर्थात विवेक का सर्वथा विनाश हो जाता है। विवेक नाश (स्मृति भ्रम) से ज्ञान शक्ति का नाश हो जाता है। बुद्धि नाश (विवेकहीनता) से मनुष्य का नाश हो जाता है।[93] इसी भांति काम के मल का फल मनुष्य का विनाश है। क्योंकि बुद्धि विनाश से मनुष्य पुरुषार्थ की क्षमता का इतना अधिक ह्रास हो जाता है कि वह कोई भी कार्य करने केयोग्य नहीं रह जाता। अकर्मण्यतापूर्ण जीवन कोई जीवन नहीं बल्कि भूमि पर अनावश्यक भार होता है। इसीलिए धर्म विरुद्ध काम विनाश का घर है।

काम का महत्व

पुरुषार्थ चतुष्टय में काम का भी अन्य तीन पुरुषार्थों की भांति ही समान महत्व है। काम एक ओर सभ्यता, संस्कृति और विज्ञान को जन्म देकर सुख के अद्‌भुत साधनों को उत्पन्न करने में सहायक होता है और दूसरी ओर कला, ललित कला, चित्र कला और संगीत कविता, सौन्दर्य शास्त्र आदि को जन्म देकर मानव के हृदय पक्ष, सौन्दर्य पक्ष और भावना पक्ष को सन्तुष्ट करने में सहायक होता है।[94] महर्षि व्यासनी महाराज ने काम के महत्व को दर्शाते हुए कहा है कि "तत्व ज्ञान के उपयोगी मनुष्य जीवन को स्वस्थ, सुखी एवं सुरक्षित रखकर तत्वज्ञान के अनुकूल बनाए रखना काम का मुख्य फल और इन्द्रिय प्रीति उसका गौण फल है।"[95] काम के महत्व को स्वीकारते हुए मनु जी महाराज कहते हैं कि अत्यन्त कामातुरता और निष्कामता किसी के लिए भी श्रेष्ठ नहीं क्योंकि जो कामना न करे तो वेदों का ज्ञान और वेद विहित कर्मादि उत्तम धर्म किसी से न हो सके।"[96] धर्म वेद पर आश्रित हैं वेदादि तथा यज्ञादि कर्म काम से ही सम्पन्न हुए मानकर मनु जी महाराज ने स्पष्ट रूप से काम को धर्म का सहयोगी माना है। धर्म विरुद्ध काम पुरुषार्थ नहीं हो सकता। धर्मानुकूल काम मोक्ष का साधन है तो धर्म विरुद्ध काम, बन्ध का पाश भी है। काम स्वस्थ व्यक्तित्व के विकास के लिए परमावश्यक है। इसे दबाना कदापि उचित नहीं बल्कि इसे संयमित तथा नियंत्रित अवश्य ही करना चाहिए। मनु जी महाराज ने काम को स्वाभाविक प्रवृत्ति के रूप में स्वीकार करते हुए कहा कि – "न मांस खाने में कोई दोष है, न शराब पीने में और न किसी के साथ मैथुन करने में ही

बुराई है। यह प्राणियों का स्वभाव ही है किन्तु इनका त्याग करना महान फल देने वाला है। अतः इन्हें त्याग देना चाहिए।[97] गीता में भी युक्त जीवनयापन का उपदेश देकर सभी चेष्टाओं को समर्पित करने के लिये प्रेरित किया गया है।[98] अतः काम भी एक आवश्यक पुरुषार्थ है। क्योंकि काम के बिना किसी के प्राण धारण नहीं हो सकते। विरक्त को भी देह धारण करने के लिए काम की आवश्यकता होती है। देखना, सुनना भी आवश्यक है। इस प्रकार जीवन निर्वाह में उपयोगी धर्म अविरुद्ध काम भी मोक्ष में सहायक है। अतः ऐसे काम से मोक्ष प्राप्त होता है। किन्तु उचित रीति से उचित मात्रा में सेवन करने से ही मनुष्य काम से लाभान्वित हो सकता है, नहीं तो अनुचित रति से केवल इन्द्रियों को तृप्ति के उद्देश्य से, किया जाने वाला कामोपभोग मनुष्य को लक्ष्य भ्रष्ट भी कर देता है।[99]

मोक्ष

मोक्ष का पुरुषार्थ चतुष्टय में चतुर्थ स्थान प्राप्त है। अन्य सभी पुरुषार्थों के अपने-अपने मल बताये गये हैं। मोक्ष में कोई मल न होने के कारण ही इसे परम पुरुषार्थ भी कहते हैं। महर्षि दयानन्द सरस्वती जी महाराज ने मोक्ष की परिभाषा इस प्रकार से की है – ''मुंचन्ति पृथरभवन्ति जना यस्यां ता मुक्तिः'' अर्थात जिससे छूट जाना हो उसका नाम मुक्ति (मोक्ष) है।[100] मुक्ति शब्द ''मुच्मृ मोचने'' धातु से ''क्तिन्'' प्रत्यय होकर बना है। इसका अर्थ बन्धनों से छूट जाना है। अतः मोक्ष का दूसरा अर्थ ''मुच्यते सर्व दुःख बन्धनैयइति सः मोक्ष'' अर्थात जिसे प्राप्त कर जीव ताव आदि दुःख बन्धनों से मुक्त हो जाता है उसे मोक्ष कहते हैं। मोक्ष को निर्वाण के नाम से भी जाना जाता है। निर्वाण शब्द भी उपरोक्त अर्थ की पुष्टि करता है। ''निर्गतौ वाणः, तापो यस्यात् तत् निर्वाणम् इस व्युत्पत्ति के अनुसार शोक जनक कायिक, वाचिक और मानसिक आदि समस्त सन्तापों की शांति को निर्वाण कहते हैं।

महर्षि गौतम ने न्यायदर्शन में अत्यन्त दुःख-निवृत्ति को मुक्ति माना है।[101] सभी दर्शनों में मुक्ति के सम्बन्ध में चर्चा की गई है। सांख्यकर महर्षि कपिल के अनुसार तीन प्रकार के दुःखों की अत्यन्त निवृत्ति होना ही परम पुरुषार्थ (मुक्ति) है।[102] वैशेषिक दर्शन में तत्व ज्ञान को मुक्ति माना है।[103] योगदर्शन में मोक्ष को कैवल्य की संज्ञा देते हुए कहा है कि ''जिसका पुरुष के लिए कोई कर्तव्य शेष नहीं रहा, ऐसे गुणों का अपने कारण में विलीन हो जाना कैवल्य है। अर्थात द्रष्टा का अपने स्वरूप में प्रतिष्ठित हो जाना कैवल्य (मोक्ष) है।[104]

तैत्तिरीय उपनिषद में मोक्ष की परिभाषा इस प्रकार से की है – ''जो जीवात्मा अपनी बुद्धि और आत्मा से स्थित सत्य ज्ञान और अनन्त आनन्दस्वरूप परमात्मा को

जानता है वह उस व्यापक रूप ब्रह्म में स्थित होके इस 'विपश्चित' अनंत विधायुक्त ब्रह्म के साथ सब कार्यों को प्राप्त होता है। अर्थात जिस-जिस आनन्द की कामना करता है उस-उस आनन्द को प्राप्त करता होगा। यही मोक्ष कहाती है।[105]

मोक्ष के विषय में सम्पूर्ण हिन्दू धर्मग्रन्थों में चर्चा व्याप्त है। मोक्ष के स्वरूप तथा प्राप्ति के साधनों के सम्बन्ध में मतैक्य का अभाव है। परन्तु जीवन मरण के चक्र तथा दुखों से स्थायी निवृत्ति ही मोक्ष है। यह मत सभी को निर्विरोध स्वीकार्य है।

मोक्ष के प्रकार

मुक्ति के दो प्रकार ही माने गये हैं। सघः मुक्ति और क्रम मुक्ति। वर्तमान देह के छूटते ही प्राप्त हो जाने वाली मुक्ति को सघः मुक्ति कहते हैं और अर्चिरादि मार्ग द्वारा क्रमशः भिन्न-भिन्न लोकों में होते हुए दिव्य भोगों का अनुभव करने के बाद ब्रह्म लोक प्राप्ति रूप जो मुक्ति है वह क्रम मुक्ति है।''[106] मुक्तिकोपनिषद में चार प्रकार की मुक्ति का वर्णन है।[107]

(क) सालोक्य :- सर्वात्मक भगवान में पवित्र भावना से उनको समीप समझकर, या उसके अत्यन्त निकटवर्ती होकर उसकी पूजा, ध्यान या समाधि में दर्शन करना, यही सालोक्य मुक्ति है।

(ख) सारूप्य :- भगवान के समान रूप या भगवान के रूप के तुल्य हो जाना सारूप्य मुक्ति है।

(ग) सामीप्य :- भगवान के अत्यन्त निकट में वास करना सामीप्य मुक्ति है।

(घ) सायुज्य :- गुरु के उपदेश द्वारा भगवान के गुणों का ध्यान करते हुए भगवान के साथ मिल जाना, जुड़ जाना समाधिस्थ हो जाना सायुज्य मुक्ति है। परन्तु महर्षि दयानन्द सरस्वती जी महाराज के विचार अत्यन्त महत्वपूर्ण हैं। उन्होंने मुक्ति के उपरोक्त भेदों को कल्पित माना है। वेदादि शास्त्रों में मुक्ति के ये भेद कहीं नहीं लिखे। प्रत्युत उनमें एक ही प्रकार की मुक्ति बतलाई है। यजुर्वेद (31/1/18) को उद्धृत करते हुए लिखते हैं कि ''उस परमात्मा को जानकर ही मृत्यु को जीत सकते हैं दूसरा कोई मार्ग नहीं है।''[108]

मोक्ष के साधन

मोक्ष प्राप्ति के साधनों पर प्रकाश डालते हुए मनु जी महाराज मोक्ष की प्राप्ति हेतु षटकर्म (वेद का अभ्यास, तप, दान, ज्ञान, इन्द्रियों का संयम, अहिंसा तथा गुरुजनों की सेवा) के सेवन का विधान किया है। कर्म भी दो प्रकार के हैं - मोक्ष

प्रदान करने वाले प्रवृत्त कर्म और ज्ञानपूर्वक निष्काम भावना से युक्त जो कर्म की प्राप्ति होती है।[109] महर्षि दयानन्द जी महाराज ने मोक्ष प्राप्ति के निम्न साधन विशेष बताये हैं।" पंच कोशों (अन्नमय, प्राणमय, मनोमय, विज्ञानमय तथा आनन्दकोश) का विवेचन, वैराग्य, शमदमानि षट्क सम्पत्ति, मुमुक्षत्व ये चार साधन, अनुबन्ध चतुष्टय अधिकारी सम्बन्ध विषयों तथा प्रयोजन, श्रवण चतुष्टय - (श्रवण, मनन, निदिध्यासन तथा साक्षात्कार) सदा तमोगुण (क्रोधादि) से पृथक होके सत्व, शान्त प्रकृति, पवित्रतादि गुणों की धारणा करना, सुखी जनों से मित्रता (मैत्री) दुखी जनों पर दया (करुणा) पुण्यात्माओं से हर्षित होना (मुदिना) दुष्टात्माओं से न प्रीति और न वैमनस्य (उपेक्षा)।[110] महर्षि स्वामी दयानन्द जी ने उपरोक्त साधनों से सम्पूर्ण वैदिक वाङ्मय का सार प्रस्तुत किया है। इसके अतिरिक्त मोक्ष का अन्य कोई वैदिक साधन शेष नहीं है।

मोक्ष के उपरान्त पुनर्जन्म

महर्षि दयानन्द सरस्वती जी महाराज के अतिरिक्त सभी धर्माचार्यों का मत है कि मोक्ष के बाद कोई जन्म मरण का बन्धन नहीं रह जाता। उनका कहना है कि जिस प्रकार से नदी अपने गंतव्य समुद्र पर पहुंच कर स्वयं भी समुद्र हो जाती है उसका अपना कोई अस्तित्व नहीं रह जाता। उसी प्रकार आत्मा भी अंशी में मिलकर परमात्मा सम हो जाती है। परन्तु महर्षि दयानन्द जी ने इस मत को स्वीकार नहीं किया। उनके अनुसार ऋग्वेद भी पुनरावृत्ति मानता है। जो इस प्रकार से है (प्रश्न) "हम लोग किसका नाम पवित्र जाने। कौन नाश रहित पदार्थों के मध्यम में वर्तमान देव सदा प्रकाश स्वरूप है। हमको मुक्ति का सुख भुगाकर पुनः इस संसार में जन्म देता है और माता तथा पिता का दर्शन कराता है।" (उत्तर) हम इस स्वप्रकाश स्वरूप अनादि सदा मुक्त परमात्मा का नाम पवित्र जाने जो हमको मुक्ति में आनन्द भुगाकर पृथ्वी में पुनः माता पिता के सम्बन्ध में जन्म देकर माता पिता का दर्शन कराता है। वही परमात्मा मुक्ति की व्यवस्था करता सबका स्वामी है।[111] इसी प्रकार मुण्डकोपनिषद (3/2/6) से भी मोक्ष के बाद जन्म का होना इसकी पुष्टि करते हुए लिखते हैं कि "वे मुक्त जीवन मुक्ति में प्राप्त होके ब्रह्म में आनन्द को तब तक भोग के पुनः महाकल्प के पश्चात मुक्ति सुख को छोड़ के संसार में आता है। इसकी संख्या इस प्रकार से है "तैतालीस लाख बीस सहस्र वर्षों की एक चतुर्युगी, दो सहस्र चतुर्युगियों का एक अहोरात्र, ऐसे तीस अहोरात्रों का एक महीना, ऐसे

बारह महीनों का एक वर्ष, ऐसे शत वर्षों का परान्तकाल होता है। इसको गणित की रीति से यथावत् समझ लीजिए। इतना समय मुक्ति में सुख भोगने का है।[112] योगीराज स्वामी योगेश्वरानन्द जी अपने ग्रन्थ ब्रह्म विद्वान तथा आत्म विद्वान में भी इसी मत की पुष्टि की है। महर्षि दयानन्द ने कोई भी नई बात अथवा मत नहीं दिया। बल्कि वेदादि आर्षग्रन्थों के काम को ही हमारे सामने उसके मौलिक रूप में प्रस्तुत किया है। अत: मोक्ष के बाद पुन: जन्म होता है। यह मान्यता तर्क पूर्ण तथा आर्ष ग्रन्थानुसार है।

सन्दर्भ

1. शिवस्वरूप सहाय, हिन्दू सामाजिक संस्थाएं, पृ० 19।
2. पूर्व मीमांसा सूत्र, 4/1/2।
3. प्रेमवल्लभ त्रिपाठी, पुरुषार्थ चतुष्टय, पृ० 5।
4. विष्णु पुराण, 1.18,21।
5. रवीन्द्रनाथ मुखर्जी, भारतीय सामाजिक संस्थाएं, पृ० 86।
6. श्रीमदभागवत, 4/8/30।
7. डा० सीताराम झा 'श्याम', भारतीय समाज का स्वरूप, पृ० 48।
8. पी.वी. काणे, धर्मशास्त्र का इतिहास भाग 1, पृ० 3।
9. पी.वी. काणे, धर्मशास्त्र का इतिहास भाग 1, पृ० 3।
10. ऋतं सत्यं तपो राष्ट्र श्रमो कर्म च। भूतं भविष्यद्रुच्छिणे वीर्य लक्ष्मीबल बेले।। अथर्ववेद 9/9/17।
11. ऐतरेय ब्राह्मण 7/17.
12. छान्दोग्य उपनिषद, 2/23/1.
13. तैत्तिरीयोपनिषद, 1/11/1.
14. यतो भ्युदयनि: श्रेयससिद्धि: स धर्म: वैशेषिक, 1/1/2.
15. चोद्रनालक्षणो र्थो धर्म: पूर्व मीमांसा, 1/1/2.
16. कठोपनिषद, 2/1.
17. महाभारत शान्तिपर्व 100/58.
18. मनुस्मृति 1.108.
19. अष्टाध्यायी, 4/4/47.

20. धर्मोपदेशमिदं शास्त्रम्। ऋषि सम्प्रदायो धर्मः।।6/1/84, पृ० 2/4, अध्याय, पृ० 20.
21. मनुस्मृति 2/6.
22. याज्ञवल्क्य स्मृति, 1/7.
23. गौतम धर्मसूत्र, 1.1.2.
24. रवीन्द्रनाथ मुखर्जी, भारतीय सामाजिक संस्थाएं, पृ० 89.
25. अथाष्टावात्मागुणाः। दया सर्व भूतेषु क्षारन्तिरनसूया शौचनाज्ञायासो
26. श्रीमद्भागवत पुराण 7.11.7-12.
27. महर्षि दयानन्द सरस्वती, 'ऋग्वेदादिक भाष्य भूमिका', पृ० 78.
28. याज्ञवल्क्य स्मृति, आचाराध्याय, गृहस्थ धर्म प्रकरण, 128.
29. अहिंसा सत्यास्तेय ब्रह्मचर्या परिग्रहाममा।: शौच सन्तोष तपः स्वाध्यायेश्वर प्रणि धनाति नियमाः।। पातंजल योगदर्शन साधन-पाद, 30, 32.
30. रवीन्द्रनाथ मुखर्जी, भारतीय सामाजिक संस्थाएं, पृ० 94.
31. श्रीमद्भागवत गीता, 3/35.
32. रवीन्द्रनाथ मुखर्जी, भारतीय सामाजिक संस्थाएं, पृ० 95.
33. गीता, 16/24
34. पी.वी. काणे, धर्मशास्त्र का इतिहास प्रथम भाग, पृ० 4.
35. डा० जयशंकर मिश्र, प्राचीन भारत का सामाजिक इतिहास, पृ० 215-219.
36. रवीन्द्रनाथ मुखर्जी, भारतीय सामाजिक संस्थाएं, पृ० 92.
37. मनुस्मृति, 10वां अध्याय।
38. वैशेषिक सूत्र, 1/1/2.
39. 'धर्मणः धार्यते लोकः', चाणक्य सूत्र, अध्याय।
40. रत्नखण्ड, श्रावकाचार 1,2.
41. मनुस्मृति 8/15.
42. मनुस्मृति 4/239.
43. रवीन्द्रनाथ मुखर्जी, भारतीय सामाजिक संस्थाएं, पृ० 36.
44. महर्षि दयानन्द सरस्वती, ऋग्वेदादिभाष्य भूमिका, वेदोक्त धर्म विषय, पृ० 82.
45. डा० सीताराम झा 'श्याम', भारतीय समाज का स्वरूप, पृ० 107.
46. पुरुषार्थ चतुष्टय, पृ० 22. "यतः सर्व प्रयोजन सिद्धिः स अर्थः।"
47. कामसूत्र अध्याय-1.

48. चाणक्य सूत्र, 7/28.
49. चाणक्य सूत्र "अर्भ्यते सर्वैः इति अर्थ।"
50. चाणक्य सूत्र, 1-1, 2.
51. शुक्रनीति 4/13.
52. महाभारत शांति पर्व, 167/11.
53. शिवस्वरूप सहाय, हिन्दू सामाजिक संस्थाएं, पृ० 22.
54. डा० के.एम. कपाडिया, पृ० 26.
55. जिभर उद्धृत रवीन्द्रनाथ मुखर्जी, भारतीय सामाजिक संस्थाएं, पृ० 95.
56. कौटिल्य अर्थशास्त्र, 15.1.
57. पराशर स्मृति 5.184-185.
58. पराशर स्मृति, 5/186-87.
59. तैत्तरीयोपनिषद 2/9-1.
60. शुक्रनीति 1-78-79, उद्धृत पुरुषार्थ चतुष्टय, पृ० 224.
61. शान्ति पर्व, 162/24, 26.
62. मनुस्मृति 10/115.
63. मनुस्मृति, 10/116.
64. शुक्रनीति 3/177.
65. श्रीमद्भागवत, 4-1-51.
66. शुक्रनीति अध्याय.
67. भागवत पुराण, 11/23/17, 18.
68. शान्ति पर्व, 123/10.
69. गौतम धर्मसूत्र.
70. उत्तराध्ययन सूत्र, 4/5.
71. नारद स्मृति - उद्धृत पुरुषार्थ चतुष्टय, पृ० 226.
72. शुक्रनीति, 3/176.
73. शुक्रनीति 1/84.
74. चाणक्य सूत्र, 4/22.
75. चाणक्य सूत्र, 4/58.
76. पुरुषार्थ चतुष्टय, पृ० 230.
77. शुक्रनीति, 2/83.
78. हलायुद्ध कोश, पृ० 220.

79. पुरुषार्थ चतुष्टय, पृ० 289.
80. कामसूत्र उद्धृत, पुरुषार्थ चतुष्टय, पृ० 303.
81. महाभारत वनपर्व ...... ।
82. गीता, 7/11.
83. बृहदारण्यक उपनिषद, उद्धृत पुरुषार्थ चतुष्टय, पृ० 266.
84. ऋग्वेद .....
85. श्री मद्भगवद्गीता, मधुसदनी टीका, अध्याय 3.
86. मनुस्मृति, 2/2, 3.
87. महाभारत शांतिपर्व, 123/4.
88. कौटिल्य अर्थशास्त्र, 1.7.3.
89. गीता की मधुसूदनी टीका अध्याय 3, पृ० 205.
90. डा० गीतारानी अग्रवाल, धर्मशास्त्रों का समाज दर्शन।
91. रवीन्द्रनाथ मुखर्जी, भारतलय सामाजिक संस्थाएं, पृ० 99.
92. बृहदारण्यकोपनिषद, 4-4-1 शंकरभाष्य, पृ० 1025, गीता प्रेस.
93. श्रीमद्भगवदगीता अध्याय 2/62-63
94. सोरसेज आफ इन्डियन ट्रेडीशन, पृ० 261-274.
95. पुरुषार्थ चतुष्टय, पृ० 297.
96. मनुस्मृति, 2/2.
97. मनुस्मृति, 5/56.
98. गीता, 6/17.
99. पुरुषार्थ चतुष्टय, पृ० 298.
100. महर्षि दयानन्द सरस्वती, सत्यार्थ प्रकाश नव समुल्लास, पृ० 169.
101. तदत्यन्त विमोक्षो पवर्गः । न्याय वर्ग 1/1/2.
102. सांख्यदर्शन, 1/1.
103. तत्कानान्तिः श्रेयसम् 1/1/2. वैशेषिक दर्शन.
104. योगदर्शन, 4/34.
105. उद्धृत, सत्यार्थ प्रकाश नवम समुल्लास, पृ० 180.
106. ऋग्वेद भाष्य भूमिका, सायणाचार्य उद्धृत, पुरुषार्थ चतुष्टय.
107. मुक्तिकोपनिषद, अध्याय 1.
108. महर्षि दयानन्द सरस्वती, उपदेशमंजरी, पृ० 119.
109. मनुस्मृति, 12/87-89.

110. महर्षि दयानन्द सरस्वती, सत्यार्थ प्रकाश नवम समुल्लास, पृ० 175.

111. सत्यार्थ प्रकाश, नवम समुल्लास, पृ० 173.

112. ???

5

उपसंहार

प्राचीन काल में भारत की सामाजिक व्यवस्था बहुत ही सुव्यवस्थित तथा वैज्ञानिक थी। समय के प्रभाव के कारण उसमें विकृति आती गयी जिसका विकृत स्वरूप आज हमारे सामने हैं। समाज को सुचारू रूप से चलाने के लिए इसे व्यवसाय तथा गुणों के आधार पर वर्णों में विभाजित कर दिया। वर्ण विभाजन का आधार प्रारम्भ में केवल व्यक्ति का गुण कर्म ही था। शनैः शनैः वैदिकोत्तर काल में वर्ण व्यवस्था कठोर होने लगी थी। ब्राह्मण और क्षत्रिय की अवस्था इस समय बहुत ऊंची हो चुकी थी। तथा वैश्य और शूद्र को निम्न माना जाने लगा था जिसे चातुर्वर्ण द्विज तथा शूद्र दो भागों में विभक्त हो गया था। बाद में आकर वर्ण व्यवस्था कर्मणा से जन्मना बनकर रह गयी। जिससे जातियों तथा उपजातियों का जन्म हो गया। जो सम्प्रति भी उसी विकृत रूप में विद्यमान है। इस जाति प्रथा की कुछ पाश्चात्य विद्वानों ने बहुत प्रशंसा तो कुछ ने कड़ी भर्त्सना की है। झिडनी लो ने अपनी पुस्तक 'विजन आफ इण्डिया', एब्बे डुबोय ने आज से लगभग 180 वर्ष पूर्व तथा मेरिडिथ ने 'यूरोप एण्ड एशिया' में मुक्त कंठ से प्रकाशित गायी है। दूसरी ओर शोरिंग ने 'हिन्दू ट्राइब्स एण्ड कास्टल' तथा मेन ने अपने 'ऐंश्येण्ट लॉ' में भारतीय जाति व्यवस्था की कटु आलोचना का अवसर अपने हाथ से नहीं जाने दिया। यदि निष्पक्ष होकर हम जाति प्रथा से पूर्व के वर्ण विभाजन पर विचार करें तो निश्चय ही कुछ इस प्रकार के तथ्य सामने आते हैं कि वर्ण व्यवस्था की प्रशंसा किये बिना नहीं रहा जा सकता।

वर्ण का वर्गीकरण समाज को सुचारू रूप से चलाने के लिए किया गया था। गम्भीरता से विचार करने पर वर्ण व्यवस्था में कुछ ऐसी विशेषताएं परिलक्षित होती हैं जिनका सार्वभौमिक महत्व है। वर्ण के वर्गीकरण के द्वारा भ्रम का विभाजन कर दिया गया जिसे विभिन्न समूहों में होने वाली अनावश्यक प्रतिस्पर्द्धा समाप्त हो

गयी। स्पर्द्धा विहीन समाज में ही शान्ति स्थापित हो सकती है। शान्ति में व्यक्ति तथा राष्ट्र उन्नति कर सकता है। श्री पाण्डया ने सत्य ही कहा है कि जीवन के लिए संघर्ष नहीं, किन्तु प्रतिस्पर्द्धा का अभाव हिन्दू संस्कृति का ध्येय है। ''वर्ण व्यवस्था श्रम तथा गुर्ण के आधार पर इस प्रकार से प्रचलित थी कि प्रतिस्पर्धा विहीन समाज हो जाने के कारण अराजकता तथा अनुशासनहीनता के लिए भी कोई स्थान नहीं रह गया था। ब्राह्मण को समाज में सर्वोपरि स्थान प्राप्त था उसका कार्य था, वेदाध्ययन करना तथा कराना, दान लेना तथा देना, यज्ञ करना तथा कराना। वेद का अध्ययन एवं यह आदि का सम्पादन केवल संयमी, सत्वगुणी, सच्चरित्र व्यक्ति ही कर सकता था। इसलिए जो व्यक्ति उच्च चरित्र, संयम तथा सत्वगुणी होकर उपरोक्त कर्तव्यों को करता था वही ब्राह्मण होने का अधिकारी होता था। महर्षि दयानन्द सरस्वती जी महाराज ने ब्राह्मण के विषय में इस प्रकार से लिखा है कि ''जो सब वर्णों में पूर्ण विद्वान धार्मिक परोपकारप्रिय मनुष्य है। उसी का नाम ब्राह्मण है।''[113] परन्तु ब्राह्मण को धनार्जन, शासन का अधिकार नहीं था। समाज में सत्ता तथा धन विहीन होने पर भी ब्राह्मण का सम्मान उनके गुणों के कारण सर्वाधिक था। इससे यह बात सत्य सिद्ध होती है कि हिन्दुओं में व्यक्ति के सत्ता तथा धन की अपेक्षा उसके गुणों की पूजा होती थी। ब्राह्मण के उपरान्त क्षत्रिय का स्थान आता है। क्षत्रिय होने के वे लोग ही अधिकारी होते थे जिनकी भुजाओं में बल हो जो सिंह की भांति निर्भय रहते हों। ''शतपथ ब्राह्मण में कहा है कि बाहुर्वेबलं, बाहुर्वे वीर्य बल वीर्य का नाम बाहू है'', वह जिसमें अधिक हो सो राजन्य अर्थात क्षत्रिय। क्षत्रिय के हाथ में शासन होता था। परन्तु ब्राह्मण की भांति क्षत्रिय को भी धन का अधिकार नहीं दिया गया था। क्षत्रिय को अपना शासन ब्राह्मण के निर्देशानुसार ही चलाना होता था। वह शासन के संचालन में स्वतंत्र नहीं था। शासन के संचालन पर ब्राह्मण का अंकुश, उसके सत्ताभिमान के प्रदर्शन को सदैव नियन्त्रित रखता था।

वैश्य को अधिकारी माना गया है महर्षि दयानन्द जी महाराज ने वैश्य के कार्यों तथा योग्यताओं पर प्रकाश डालते हुए लिखा है कि खेती व्यापार और सब देशों की भाषाओं को जानना तथा पशुपालन आदि मध्यम गुणों से वैश्य वर्ण सिद्ध होता है अर्थात ये वैश्य के कार्य हैं। वैश्य धन स्वामी होने पर भी धन का दुरुपयोग कदापि नहीं कर सकता था। ब्राह्मण तथा क्षत्रिय का नियंत्रण रहता था। यदि धनवाद राजनीति में प्रवेश लेगा तो निश्चय ही वह अपने धन के बल पर निष्पक्ष निर्णयों को प्रभावित करेगा जिससे समाज में अराजकता फैल जाती है इसी कारण से वैश्य को राजनीति में प्रवेश का अधिकार नहीं था। शूद्र को श्रम विभाग दिया गया था। क्योंकि जिसमें क्षत्रिय तथा वैश्य के लिए अपेक्षित गुणों का अभाव होता था उन्हें शूद्र कार्य

करने का अधिकार था। महर्षि स्वामी दयानन्द जी महाराज ने भी स्पष्ट करते हुए लिखा है कि जो यज्ञ के अर्थात नीच अंग के सदृश मूर्खत्वादि गुण वाला है। वह शूद्र है।'' शूद्र का कार्य द्विज की सेवा करना था। उसे अपनी जीविका चलाने हेतु धनार्जन का भी अधिकार था। परन्तु राजनैतिक तथा धार्मिक कार्यों में भाग लेने का अधिकार नहीं था। इसका एक कारण था कि वह धर्म तथा राजनीति को समझ नहीं सकता। दूसरे शूद्र के द्विज के कार्यों में भाग लेने पर श्रम शिथिल हो जाता, जिसे सामाजिक प्रगति का अवरुद्ध हो जाना स्वाभाविक ही था, परन्तु ऐसा नहीं था कि शूद्र धार्मिक कृत्यों से वंचित रहते थे। शूद्र में भी जो ब्राह्मण के गुण रखते थे उन्हें ब्राह्मण का स्थान प्राप्त था। आज भी आर्यसमाज में असंख्य उदाहरण उपलब्ध है कि जन्म से शूद्र होने पर भी उन्हें पण्डित कहकर सम्बोधित किया जाता है तथा उन्हें ब्राह्मण के समकक्ष स्थान प्राप्त है। परन्तु उनके गुणों के कारण। जैसा कि पूर्व भी वर्णन कर चुका हूं कि वर्ग विभाजन का मुख्य उद्देश्य प्रतिस्पर्द्धा विहीन उन्नत समाज की रचना करना था। पुनश्च डा० राधाकृष्णन के विचारों को उद्धृत करना अप्रासांगिक न होगा उनके अनुसार वर्ण व्यवस्था में व्यक्ति के सामाजिक कर्तवप्य पर जोर दिया जाता है उसके निजी अधिकारों पर नहीं इसीलिए वर्ण व्यवस्था के कारण समाज में वर्ग संघर्ष का खतरा नहीं रहता था।[114] वर्ण विभाजन के कारण समाज में सत्ता लोलुपता शक्ति असंतुलन, अनिश्चिततापूर्ण जीवन, अनुशासनहीनता तथा व्यावसायिक असंतुलन जैसे महारोग का साम्राज्य नहीं था बल्कि सभी को जीवन में उन्नति के समान अवसर प्राप्त कराने का साधन मात्र था।

आश्रम व्यवस्था के अन्तर्गत मनुष्य के चार अवस्थाओं का अध्ययन करने पर कुछ ऐसी महत्वपूर्ण बातें सामने आती हैं जिनका सार्वभौमिक महत्व है। श्री परमार को उद्धृत करते हुए रवीन्द्रनाथ मुखर्जी लिखते हैं कि ''व्यक्ति के जीवन में चार अवस्थाएं क्रमश: आती हैं। बाल्यावस्था, युवावस्था, प्रौढ़ावस्था और वृद्धावस्था बाल्यावस्था में व्यक्ति में अनन्त शक्ति होती है किन्तु अनुभव का अभाव होता है। युवावस्था में सृजन की शक्ति होती है किन्तु अल्हड़पन रहता है। प्रौढ़ावस्था में अनुभव रहता है किन्तु शक्ति का ह्रास प्रारम्भ हो जाता है।'' हमारे ऋषि मुनियों ने मानव की असीम शक्ति को सर्जनात्मक दिशा में लगाने के लिए आश्रम व्यवस्था का सर्जन किया। उपनयन संस्कार के उपरान्त बालक गुरु के आश्रम में जिसे गुरुकुल के नाम से भी जाना जाता है, वेदाध्ययन के लिए जाता था। वहां पर वह गरीब अमीर का भेद भूल कर समान सुविधाओं, समान अवसरों में अध्ययन करता था। अध्ययन काल में कठिन तपस्या तथा नियमित विद्या अभ्यास कर उसका जीवन अनुशासित होकर भट्टी में तपे सोने की भांति उज्जवल होकर समाज के सामने आता था गुरुकुल

में ही उसे साम्यवाद का पक्षकर उसके दैनिक जीवन में अभ्यास कराकर सच्चा मानवता का सेवक बना दिया जाता था जब समापवर्तन संस्कार द्वारा जीवन का एक भाग ब्रह्मचर्य की तपस्या तपकर धर्म को समुचित प्रकार से जानकर गृहस्थाश्रम में प्रवेश करता था, तो उसके सामने ऋण त्रय तथा पंच महायज्ञ का आदर्श होता था। इसमें उसके ऊपर स्वयं अपना ही नहीं सम्पूर्ण समाज तथा पशु पक्षियों तक का दायित्व उसके सबल कंधों पर आ जाता था। उसे अपने अर्जित धन को पंच महायज्ञ के द्वारा सभी में वितरित करके अपरिग्रह का आदर्श अपनाकर जीवनयापन करना होता था। मात्र 25 वर्ष तक इन्द्रिय सुख की सुविधा प्राप्त कर पुनः वानप्रस्थ में प्रवेश करना होता था वानप्रस्थ में प्रवेश करना होता था वानप्रस्थ में ब्रह्मचर्याश्रम की भांति कठोर तपोमय जीवन करते हुए गृहस्थाश्रम[2] ह्रास की गई शक्ति को स्थिर करने का अभ्यास करता था। वानप्रस्थी को अभीष्ठ होता थ कि वह ब्रह्मचर्याश्रम में अर्जित वेदादि शास्त्रों के ज्ञान को पुनः अभ्यास द्वारा स्मरण करे। वानप्रस्थ आश्रम में प्रवेश के पूर्व व्यक्ति को गृहस्थाश्रम में अर्जित धन सम्पत्ति को त्याग करना होता था। इससे प्रत्येक गृहस्थ के मन मस्तिष्क में एक भाव स्वाभाविक ही रहता था कि बेईमानी दुराचार से अर्जित धनादि तुझे छोड़ना ही है। इसलिए क्यों अनैतिक ढंग से धन अर्जित किया जाये। इससे सम्पूर्ण समाज में शान्ति का साम्राज्य था। बेईमानी तथा अनैतिकता ही अशान्ति का घर है। वानप्रस्थाश्रम सामाजिक जीवन में वयो-वृद्धों को शासन व्यवस्था अपने हाथ में रखने के बदले निर्देश देने के कार्य का समर्थन करता है। वानप्रस्थाश्रम सन्यास आश्रम से पूर्व तथा गृहस्थाश्रम के बाद का आश्रम होने के कारण वानप्रस्थी को बहुत सतर्क रहना पड़ता था। 25 वर्षों तक गृहस्थ में इन्द्रिय सुख का रस लेकर उसे एकदम त्यागना होता था इसीलिए वानप्रस्थी को वनगमन करना ही बताया गया है। वानप्रस्थ के बाद सन्यास आश्रम में प्रवेश करता था। सन्यास आश्रम को जीवन में पलायन बाद का द्योतक बताया गया है यह सर्वथा अनुचित तथा मिश्रय आक्षेप है। महर्षि दयानन्द सरस्वती इसका खण्डन करते हैं। सन्यास के उपदेश की उपयोगिता पर प्रकाश डालते हुए कहते हैं कि जो-जो सन्यासियों के उपदेश से धार्मिक मनुष्य होंगे वे सब जातों, सन्यासी के पुत्र तुल्य हैं। सन्यासी को पूर्व अपरिग्रह का आदर्श अपने सामने सदैव रखना होता था। वह अन्य तीनों आश्रमों के लोगों को आध्यात्मिकता तथा नैतिकता को जीवन उतारने का प्रशिक्षण अपने जीवन का आदर्श प्रस्तुत करके देता था। सन्यासी समाज में सबके लिए पूजनीय माना गया है। सच्चा सन्यासी ही समाज का कल्याण कर सकता है। महर्षि दयानन्द जी महाराज ने सन्यासी की उपयोगिता अपने प्राणों की चिन्ता किये बिना समाज कल्याण में लगकर सिद्ध कर विश्वासी इस प्रकार से जब हम आधुनिक साम्यवाद को देखते हैं तो वह भारतीय साम्यवाद अर्थात वर्णाश्रम की

व्यवस्था के सामने उसी प्रकार कान्तिविहीन हो जाता है जैसे सूर्योदय पर आकाश में टिमटिमाते सितारे। कार्ल मार्क्स ने तो धन तथा धन के साधनों के विभाजन की बात कही है। परन्तु हमारे महर्षियों ने तो आश्रम व्यवस्था के द्वारा व्यक्ति तक का विभाजन कर दिया। जब भारत देश में वर्णाश्रम व्यवस्था का पालन होता था यहां पर सर्वत्र सुख, शान्ति व्याप्त थी।

वर्णाश्रम के बाद पुरुषार्थ की अवधारणा है। पुरुषार्थ चतुष्टय में धर्म, अर्ध, काम और मोक्ष का निरूपण हुआ है। धर्म का सम्बन्ध ब्रह्मचर्य आश्रम से है। ब्रह्मचर्य आश्रम धर्म का यथावत् अध्ययन का समय होता था। धर्म को जानकर ही जीवन की यात्रा का प्रारम्भ माना है। धर्म की परिभाषाओं में वैशेषिक में जो परिभाषा दी है। वह अत्यन्त ही व्यावहारिक तथा वैज्ञानिक है। धर्म का अर्थ ''जिसके पालन से अभ्युदय तथा नि:श्रेयस की प्राप्ति होती है। वह धर्म है।'' महाभारत में कहा गया है कि आहार, निद्रा मम और मैथुन मनुष्यों और पशुओं के लिए एक ही समान स्वाभाविक है। यदि मनुष्यों और पशुओं में कुछ भेद है तो वह केवल धर्म का। जिस मनुष्य में यह धर्म नहीं है वह पशु के समान ही है। ''धर्म के द्वारा मनुष्य में मनुष्यता आती है। जब सभी प्रकार के भय समाप्त हो जाते हैं तब मात्र धर्म का भय ही हमें पथ भ्रष्ट होने से बचाता है तभी तो कहा है कि धर्म रक्षति रक्षित:। धर्म के बाद दूसरा स्थान अर्थ का है अर्थ का सम्बन्ध गृहस्थाश्रम से है। ब्रह्मचर्याश्रम में धर्म को जानकर गृहस्थाश्रम धर्मपूर्वक धन अर्जन कर उसे धर्मपूर्वक व्यय भी करना गृहस्थ के लिए अभीष्ट है। धर्मानुसार अर्जित धन ही जीवन में सुख शांति प्रदान कर सकता है अन्यथा विनाशकारी कल ही सामने आते हैं। अर्थ के बाद तीसरा स्थान काम का है। काम का सम्बन्ध भी गृहस्थाश्रम से ही है। धर्मपूर्वक अर्जन कर, धर्मपूर्वक व्यय करते हुए अपनी इच्छाओं (काम) की पूर्ति करना चाहिए। यदि नींव ही कमजोर रह गयी तो अधर्मपूर्वक अर्जित धन कभी-भी कामनाओं की पूर्ति नहीं कर सकता। इस प्रकार से काम को पूर्ण करते हुए। चतुर्थ पुरुषार्थ मोक्ष की साधना करनी है। भारतीय संस्कृति का मूल अध्यात्म है। मोक्ष प्रत्येक प्राणी मात्र का लक्ष्य माना गया है। मोक्ष की साधना वानप्रस्थ तथा सन्यास में की जाती है। परन्तु ब्रह्मचर्याश्रम भी मोक्ष की साधना एक आधार है। गम्भीरता से विचार करने पर केवल एक तथ्य ही स्पष्ट रूप से सामने आता है कि हिन्दु समाज में ब्रह्मचर्य आश्रम से ग्रहस्थ के त्याग में भोग तथा वानप्रस्थ एवं सन्यासी के कठोरतम जीवन की मात्र मोक्ष प्राप्ति का प्रयास ही कह सकते हैं। मोक्ष की प्राप्ति बिना मानव जीवन का मूल्य नहीं मिल पाता। परम-पुरुषार्थ मोक्ष ऐहिकता को पारलौकिकता के साथ तथा भौतिकता को आध्यात्मिकता के साथ समन्वित कर

मानव को उच्चतर और उच्चतम मानव के रूप में विकसित होने के लिए पर्याप्त प्रोत्साहन एवं अवसर प्रदान करता है।

हिन्दू सामाजिक व्यवस्था के ऋण मूल तत्वों का एकमात्र उद्देश्य मानव को पशुता के स्तर से उन्नतकर देवत्व की प्राप्ति कराना है। यह व्यवस्था संसार की सर्वोच्च साम्यवादी व्यवस्था है। जो सम्पूर्ण मानवता को सुदृढ़ और सुव्यवस्थित समाज के रूप में संगठित करने की सामर्थ्य रखती है। सम्पूर्ण विश्व के कल्याण की कामना करना हमारे ऋषियों, महर्षियों तथा मुनियों का आदर्श रहा है – सारा संसार सुखी रहे –

लोकाः समस्ताः सुखीनो भवन्तु।

सन्दर्भ

1. महर्षि दयानन्द सरस्वती, सत्यार्थ प्रकाश, पंचम समुल्लास, पृ० 90.
2. डा० राधाकृष्णन, प्राच्य धर्म और पाश्चात्य विचार, पृ० 407.

सहायक ग्रन्थों की सूची

संस्कृत

1. अथर्ववेद
2. अमरकोश
3. अष्टाध्यायी
4. अग्नि पुराण
5. आरण्यक
6. आश्वलायन गृह सूत्र
7. आपस्तम्ब धर्मसूत्र
8. आगम्यसूत्र
9. आचार्य बादरि
10. ऋग्वेद
11. ऋग्वेदादिभाष्य भूमिका – महर्षि दयानन्द सरस्वती
12. ऐतरेय आरण्यक
13. ऐतरेय ब्राह्मण
14. कठोपनिषद
15. कल्याण गर्ग संहिता अंक
16. कूर्म पुराण
17. काशिका
18. कामसूत्र
19. काठक संहिता
20. कात्यायन श्रौतसूत्र
21. कौटिल्य अर्थशास्त्र
22. कौशिनकी उपनिषद
23. गौतम धर्मसूत्र
24. गोभिल स्मृति
25. चाणक्य सूत्र

26. छान्दोग्य उपनिषद
27. जाबालोपनिषद
28. तैत्तिरीय ब्राह्मण
29. तैत्तिरीय उपनिषद
30. तैत्तिरीय संहिता
31. दक्ष स्मृति
32. दीर्घ निकाय
33. धर्म सिन्धु
34. नारद स्मृति
35. नारद परिब्राजकोपनिषद
36. पाणिनीय व्याकरण सूत्र वृत्ति -- भट्टो दीक्षित -- भट्टो दीक्षित विरचित
37. पंतजलि महाभाष्य
38. परास्कर गृहसूत्र
39. पूर्व मीमांसा सूत्र
40. पांतजल योगदर्शन
41. वाल्मीकि रामायण
42. बृहदारण्यकोपनिषद
43. बौधायन पुराण
44. ब्रह्माण्ड पुराण
45. भविष्य पुराण
46. भागवत पुराण
47. मनुस्मृति
48. मनुस्मृति
49. मेधातिथि एवं कुल्लूक भट्ट टीका
50. महाभारत
51. मुण्डकोपनिषद
52. मत्स्य पुराण
53. मार्कण्डेय पुराण
54. मिताक्षर
55. यजुर्वेद भाष--- महर्षि दयानन्द सरस्वती
56. याज्ञवलक्य स्मृति

57. व्याकरण सिद्धांत कौमुदी
58. व्यास स्मृति
59. वेदान्त सूत्रभाष–शंकराचार्य
60. वैशेषिक दर्शन
61. वेदार्थ प्रकाश–महर्षिदयानन्द सरस्वती
62. वशिष्ट स्मृति
63. वशिष्ट धर्मसूत्र
64. वामन पुराण
65. विष्णु धर्मसूत्र
66. वायु पुराण
67. विष्णु पुराण
68. श्वेताश्वरोपनिषद
69. शुक्रनीति
70. शतपथ ब्राह्मण
71. शतपथ ब्राह्मण ––सायण टीका
72. शंख
73. शिवपुराण
74. शाकुन्तलम्
75. श्रावकाचार रतन खण्ड (जैन ग्रन्थ)
76. स्कन्द पुराण
77. स्मृति सिद्धान्त लक्षण संग्रह
78. सर्वतन्त्र सिद्धान्त लक्षण संग्रह
79. लक्ष्ण संग्रह
80. हलायुद्ध कोश
81. हरिवंश पुराण
82. हारीत स्मृति

हिन्दी ग्रन्थों की सूची

1. उपदेश मंजरी – महर्षि दयानन्द सरस्वती
2. ऋग्वेदिक आर्य – पंडित राहुल सांकृत्यायन
3. ऐतरेय आरण्यक – एक समालोचनात्मक अध्ययन –– डा० सुमन शास्त्री

4. धर्मशास्त्रों का समाज दर्शन -- डा० गीतारानी अग्रवाल
5. धर्म शास्त्र का इतिहास -- पी.वी.काणे
6. पंतजलि कालीन भारत – प्रभु अग्निहोत्री
7. पुरुषार्थ चतुष्टय – प्रेमवल्लभ त्रिपाठी
8. प्राचीन भारत का सामाजिक इतिहास – जयशंकर मिश्र
9. बाल्मिकी युगीन भारत – डा० मुंजुला जायसवाल
10. बुद्धकालीन समाज – मदन मोहन सिंह
11. भारतवर्ष में विवाह और परिवार – के.एम. कपाड़िया
12. भारतीय संस्कृति – गौरीशंकर भट्ट
13. भारतीय सामाजिक संस्थायें – रवीन्द्रनाथ मुकर्जी
14. भारतीय समाज का स्वरूप – सीताराम का 'श्याम'
15. मानवधर्मशास्त्र – इन्दिरा रमण
16. रामचरित मानस (सुन्दर काण्ड) – तुलसीदास
17. रामायणकालीन समाज – नानूराम व्यास
18. वेदकालीन समाज – ज्ञानी
19. शतपथ ब्राह्मण एक सांस्कृतिक अध्ययन – डा. उर्मिला देवी
20. सत्यार्थ प्रकाश – महर्षि दयानन्द सरस्वती
21. संस्कार विधि – महर्षि दयानन्द सरस्वती
22. हिन्दू सामाजिक संस्थाएं – श्री शिवस्वरूप सहाय
23. हिन्दू परिवार मीमांसा – प्रो० हरिदत्त वेदालंकार

अंग्रेजी ग्रन्थ

1.अर्ली हिस्ट्री आफ इण्डिया – स्मिथ
2.ओरिजन एण्ड ग्रार्थ आफ कास्ट इन इण्डिया – एन.के.दत्त
3.भगवदगीता एज इट इज – ए.सी.भक्ति वेदान्त स्वामी
4.एन्शिएन्ट इण्डिया एजूकेशन – राधामुकुद मुखर्जी
5.ए कंस्ट्रक्टिव सर्वे आफ उपनिषदिक फिलासोफी – प्रो० रानाडे
6.कास्ट इन इण्डिया – सेनार्त
7.कास्ट एंड क्लास इन इण्डिया – डा.जी.एस.धूर्य
8.कॉल बुक एसेज –
9.डास सिस्टम डेस वेदान्त – श्री डयूसेन

10.डवलप्मेंट आफ दि सिस्टम आफ आश्रमाज – पी.एम.मोदी
11.ईस्टर्न रिलिजन एण्ड वेस्टर्न थॉट – डा. राधाकृष्णन
12.इकोनोमिक आस्पेक्टस आफ दि कास्ट – रामशरण शर्मा
13. हिन्दू सोशल आरगेनाइजेशन – पी.एन. प्रभु
14.हिस्ट्री आफ संस्कृत लिटरेचर – सी.वी. वैद्य
15.इण्डिया आफ दि एज आप दि ब्राह्मणाज – योगीराज वसु
16.जनरल आफ दि एशियाएटिक ओरिएन्टल सोसायअी वोल्यूम 13.
17.जनरल एन्थ्रापोलोजी – जेकब्स एण्ड स्टर्न
18.जर्नल आफ दि आन्द्रा हिस्टोरिकल रिसर्च सोसायटी वोल्यूम– 1
19.सस्पैक्टिड इन्सक्रिप्शन – डी.सी. सरकार
20.संस्कृत लिटरेचर – मैक्समूलर
21.सोर्सिज आफ इण्डियन ट्रेडिशन –
22.सम आस्पेक्टस आफ दि हिन्दू व्यू इन एन्शिएन्ट इण्डिया. – रंगस्वामी अय्यर.
23.सम आस्पेक्टस आफ दि हिन्दू लाइफ एकोर्डिंग टू धर्मशास्त्र.
24.दि डिसेण्ड आफ मैन – डार्विन
25.दि शतपथ ब्राह्मण – एगलिग
26.दि इवोलूशन आफ ब्राह्मणिकल हयारकी इन एन्शिएन्ट इण्डिया. – भीम शंकर राव
27.दि शूद्राज – डा० भीमराव अम्बेडकर
28.दि हिन्दू व्यू आफ लाइफ – डा० राधाकृष्णन
29.दि वन्डर दैट वाज इण्डिया – वाशम
30.वैदिक इन्डैक्स – मैक्डोनेल एण्ड कीथ
31.वैदिक मिटर – आरनाल्ड.